全国中等卫生职业教育规划教材
供中等卫生职业教育各专业使用

卫生法律法规

（修订版）

主　编　李云芝
副主编　江　虹　刘志霞
编　者　（以姓氏笔画为序）
刘　苏　郑州市卫生学校
刘志霞　黑河市卫生学校
江　虹　新疆伊宁卫生学校
李云芝　郑州市卫生学校
张立哲　中共伊犁哈萨克自治州委员会党校

科学出版社
北　京

内 容 简 介

本书结合卫生职业资格考试、就业市场需求和中职教育特点，本着就业为导向、能力为本位、技能为核心的基本原则，根据当前社会实际情况、中职生的身心特点和医疗卫生实践的需要，按照实用、适用的理念，融入新制定的法律法规的相关内容，突出教材的继承性、创新性、实用性、时效性、科学性和指导性。建议学时为36学时。全书既有法规法理的精辟阐释，又有经典案例的点拨剖析，结构清晰，语言简洁，以案说法，以法明理，以理笃行，对拓宽医学生的知识领域、增强法治观念、更好地从事医药卫生工作具有重要意义。每章设有"学习要点"、"重点提示"和"讨论与思考"。数字化教辅资料包括各章的PPT教学课件、练习题和参考答案、知识点汇总、相关法律法规资料等，对教师教学和学生学习都能提供更好的指导。

本书供全国中等卫生职业院校各专业使用。

图书在版编目(CIP)数据

卫生法律法规 / 李云芝主编 .—修订本 .—北京：科学出版社，2016. 6
全国中等卫生职业教育规划教材
ISBN 978-7-03-048657-8

Ⅰ. 卫… Ⅱ. 李… Ⅲ. 卫生法－中国－中等专业学校－教材
Ⅳ. D922. 16

中国版本图书馆CIP数据核字(2016)第127433号

责任编辑：徐卓立 杨小玲 / 责任校对：刘亚琦
责任印制：李 彤 / 封面设计：黄华斌

科 学 出 版 社 出版
北京东黄城根北街16号
邮政编码：100717
http://www.sciencep.com
北京虎彩文化传播有限公司 印刷
科学出版社发行 各地新华书店经销
*
2016年6月第 一 版 开本：787×1092 1/16
2023年1月第四次印刷 印张：9
字数：204 000
定价：20.00元
（如有印装质量问题，我社负责调换）

全国中等卫生职业教育规划教材
编审委员会
（修订版）

全国中等卫生职业教育规划教材

教材目录

（修订版）

1	解剖学基础	于晓谟	袁耀华	主编
2	生理学基础	柳海滨	林艳华	主编
3	病理学基础	周溢彪	刘起颖	主编
4	生物化学概论		高怀军	主编
5	病原生物与免疫学基础	饶洪洋	张晓红	主编
6	药物学基础	符秀华	付红焱	主编
7	医用化学基础	张彩霞	张　勇	主编
8	就业与创业指导	丁来玲	万东海	主编
9	职业生涯规划		宋建荣	主编
10	卫生法律法规		李云芝	主编
11	信息技术应用基础	张伟建	程正兴	主编
12	护理伦理学		王晓宏	主编
13	青少年心理健康		高云山	主编
14	营养与膳食指导	靳　平	冯　峰	主编
15	护理礼仪与人际沟通	王　燕	丁宏伟	主编
16	护理学基础	王　静	冉国英	主编
17	健康评估	张　展	袁亚红	主编
18	内科护理	董燕斐	张晓萍	主编
19	外科护理	王　萌	张继新	主编
20	妇产科护理	王春先	刘胜霞	主编
21	儿科护理	黄力毅	李砚池	主编
22	康复护理	封银曼	高　丽	主编
23	五官科护理		陈德荣	主编
24	老年护理		生加云	主编
25	中医护理	韩新荣	朱文慧	主编
26	社区护理		吴　苇	主编
27	心理与精神护理		杨明荣	主编
28	急救护理技术		杨建芬	主编
29	护理专业技术实训		曾建平	主编
30	产科护理	潘　洁	李民华	主编
31	妇科护理	王月秋	吴晓琴	主编
32	母婴保健	王海燕	王莉杰	主编
33	遗传与优生学基础	田廷科	赵文忠	主编

全国中等卫生职业教育规划教材
修 订 说 明

《全国中等卫生职业教育规划教材(护理、助产专业)》在编委会的组织下,在全国各个卫生职业院校的支持下,从2009年发行至今,已经走过了8个不平凡的春秋。在8年的教学实践中,教材作为传播知识的有效载体,遵照其实用性、针对性和先进性的创新编写宗旨,落实了《国务院关于大力发展职业教育的决定》精神,贯彻了《护士条例》,受到了卫生职业院校及学生的赞誉和厚爱,实现了编写精品教材的目的。

这次修订再版是在前两版的基础上进行的。编委会全面审视前两版教材后,讨论制定了一系列相关的修订方针。

1. *修订的指导思想* 实践卫生职业教育改革与创新,突出职业教育特点,紧贴护理、助产专业,有利于执业资格获取和就业市场。在教学方法上,提倡自主和网络互动学习,引导和鼓励学生亲身经历和体验。

2. *修订的基本思路* 首先,调整知识体系与教学内容,使基础课更侧重于对专业课知识点的支持、利于知识扩展和学生继续学习的需要,专业课则紧贴护理、助产专业的岗位需求、职业考试的导向;其次,纠正前两版教材在教学实践中发现的问题;最后,调整教学内容的呈现方式,根据年龄特点、接受知识的能力和学习兴趣,注意纸质、电子、网络的结合,文字、图像、动画和视频的结合。

3. *修订的基本原则* 继续保持前两版教材内容的稳定性和知识结构的连续性,同时对部分内容进行修订和补充,避免教材之间出现重复及知识的棚架现象。修订重点放在四个方面:①根据近几年新颁布的卫生法规和卫生事业发展规划及人民健康标准,补充学科的新知识、新理论等内容;②根据卫生技术应用型人才今后的发展方向,人才市场需求标准,结合执业考试大纲要求增补针对性、实用性内容;③根据近几年的使用中读者的建议,修正、完善学科内容,保持其先进性;④根据学生的年龄和认知能力及态度,进一步创新编写形式和内容呈现方式,以更有效地服务于教学。

现在,经过全体编者的努力,新版教材正式出版了。教材共涉及33门课程,可供护理、助产及其他相关医学类专业的教学和执业考试选用,从2016年秋季开始向全国卫生职业院校供应。修订的教材面目一新，具有以下创新特色。

1. 编写形式创新　在保留“重点提示，适时点拨”的同时，增加了对重要知识点/考点的强化和提醒。对内容中所有重要的知识点/考点均做了统一提取，标列在相关数字化辅助教材中以引起学生重视，帮助学生拓展、加固所学的课程知识。原有的“讨论与思考”栏目也根据历年护士执业考试知识点的出现频度和教学要求做了重新设计，写出了许多思考性强的问题，以促进学生理论联系实际和提高独立思考的能力。

2. 内容呈现方式创新　为方便学生自学和网络交互学习，也为今后方便开展慕课、微课等学习，除了纸质教材外，本版教材创新性提供了手机版 APP 数字化辅助教材和网络教学资源。其中网络教学资源是通过网站形式提供教学大纲和学时分配以及讲课所需的 PPT 课件(包含图表、影像等)，手机版数字化教辅则通过扫描二维码下载 APP，帮助学生复习各章节的知识点/考点，并收集了大量针对性强的各类练习题(每章不低于 10 题，每考点 1～5 题，选择题占 60%以上，专业考试科目中的案例题不低于 30%，并有一定数量的综合题)，还有根据历年护士执业考试调研后组成的模拟试卷等，极大地提高了教材内涵，丰富了学习实践活动。

我们希望通过本次修订使新版教材更上一层楼，不仅继承发扬该套教材的针对性、实用性和先进性，而且确保其能够真正成为医学教材中的精品，为卫生职教的教学改革和人才培养做出应有的贡献。

本套教材第 1 版和第 2 版由军队的医学专业出版社出版。为了配合当前实际情况，使教材不间断地向各地方院校供应，根据编委会的要求，修订版由科学出版社出版，以便为各相关地方院校做好持续的出版服务。

感谢本系列教材修订中全国各卫生职业院校的大力支持和付出，希望各院校在使用过程中继续总结经验，使教材不断得到完善和提高，打造真正的精品，更好地服务于学生。

编委会

2016 年 6 月

修订版前言

《卫生法律法规》是中等卫生职业学校的一门公共基础课，是以卫生法律法规和基本规范为理论依据，以医疗卫生实践过程中的法律问题和法律行为为研究对象的一门实用性法律基础知识课程，已被列入国家规划的职业教育德育必修课的课程，是医学教育课程体系的重要组成部分，也是中等职业教育课程改革的重点内容。

《卫生法律法规》(修订版)是中等卫生职业教育规划教材，本次编写是在第2版基础上进行的。全书保持主体内容、体例格式基本不变，同时，结合卫生职业资格考试、就业市场需求、中职教育特点，本着就业为导向、能力为本位、技能为核心的基本原则，根据当前社会实际情况、中职生的身心特点和医疗卫生实践的需要，按照实用、适用的理念，对教材的体系内容做了简要的修订，并融入了新制定法律法规的相关内容，保持了原版教材的特点，又突出了教材的继承性、创新性、实用性、时效性、科学性和指导性。

本课程的教学目的是通过学习使学生掌握卫生法律法规的基本理论和基础知识，培养遵法守法、依法从业的自觉意识，提高运用法律手段分析和解决医疗行为过程中所产生的非技术类问题的能力，维护医疗行为过程中各方利益主体的合法权益，提高服务质量，构建和谐医患关系，促进医疗卫生事业发展。在编写过程中，出版社极为重视并组建了具有丰富的理论知识体系和实践教学经验的教师编写队伍，广泛征求了临床工作人员和在校学生的意见和建议，对教材内容进行了优化和精选，使新教材既有法规法理的精辟阐释，又有经典案例的点拨剖析，结构清晰，语言简洁，以案说法，以法明理，以理笃行，对拓宽医学生的知识领域、增强法治观念、更好地从事医药卫生工作具有重要的意义。在编写体例上，每章都设有“学习要点”、“重点提示”以及“讨论与思考”，另外编写了数字化教辅资料，内容包括各章的PPT教学课件、练习题和参考答案、知识点汇总、相关法律法规资料等，对教师教学和学生学习都能提供更好的指导。

本课程建议学时为36学时。在教学大纲中，就本课程的性质定位、目的任务、教学内容、教学要求、重点难点、各章学时等进行了说明和提示，为教学单位提供一定参考。

在本教材修订过程中，吸取了一些相关书籍和文献资料的优秀成果，得到了出版社和编者学校的大力支持，在此一并表示衷心感谢。

由于编者水平有限，书中不当之处和需要完善的地方，恳请各位同行专家和读者提出宝贵意见。

编　者

2016年6月

目　录

第 1 章

卫生法律法规概述

学习要点

1. 卫生法律法规的含义、特征及调整对象
2. 卫生法律法规的基本原则和作用
3. 卫生法律法规的渊源
4. 学习卫生法律法规的意义、方法

案例分析

2000年11月,孕妇张某在当地县医院生产后血流不止,生命垂危。此时,医院库存血快用完了,医院随后与省中心血站、其他医院联系支援新鲜全血均无果。紧急情况下,医院检验、采集了闻讯赶到现场的子弟兵们的献血,使张某转危为安。省红十字血液中心闻听此事后以"医院擅自采血供血、无法保障血源安全、违反法律规定"等理由上报省卫生行政部门要求对县医院进行严肃处理。

请分析

1. 医院的行为是否违反了法律规定?省卫生行政部门能否对县医院进行处理?为什么?
2. 省卫生行政部门与县医院是什么样的卫生法律关系?
3. 我国卫生法律的表现形式有哪些?当不同法律相冲突时,法的效力如何适用?

卫生法律法规是我国法律体系的重要组成部分,随着"依法治国"理念的确立,如何规范卫生行政机关的行政行为,促进医务人员依法行医,保护行政相对人和广大患者的合法权益,已越来越受到人们的重视。

第一节 卫生法律法规的基本内涵

一、卫生法律法规的含义和特征

(一)卫生法律法规的含义

1. *卫生的含义* 《辞海》对卫生的解释是:为增进人体健康、预防疾病,改善和创造合乎生理要求的生态环境、生活条件所采取的个人和社会措施。所谓个人措施,主要是指个人应该具有良好的卫生习惯和卫生行为;社会措施,是指国家采取的有利于人体健康、防治疾病和提高人的生命质量的社会行为。简言之,卫生就是指为维护和保障人体健康而进行的一切个人和社会活动的总和。

重点提示

健康不仅指身体没有疾病,还应该有完满的精神状态和良好的社会适应能力。

2. *法律的含义* 法律是由国家制定或认可并由国家强制力保证实施的行为规范体系,它以规定人们的权利和义务为主要内容,通过规范人们的行为以达到维护统治阶级利益的目的。

3. *卫生法律法规的含义* 卫生法律法规是指由国家制定或认可,并由国家强制力保证实施的,调整在保护人体生命健康活动中形成的各种社会关系的法律规范的总称。狭义的卫生法律法规,仅指由全国人民代表大会及其常委会制定的卫生法律。广义的卫生法律法规,除包括卫生法律外,还包括卫生行政法规、地方性卫生法规、卫生自治条例、单行条例、卫生规章,以及宪法和其他规范性法律文件中有关医药卫生的条款和规定。

(二)卫生法律法规的特征

卫生法律法规作为一种旨在保护人体生命健康权益的特殊的法律法规,既有一般法律法规的共性,也有自己的个性和特征,其特征如下。

1. *交叉性* 卫生法律法规是法学与医学、卫生学、药物学等自然学科相结合的产物,其许多内容是依据基础医学、临床医学等学科的基本原理、研究成果而制定的。

2. *科技性* 卫生法律法规保护的是人体健康,这就必然要求将直接关系到公民健康的医疗方法、程序、操作规范、卫生标准等大量的技术规范法律化,把遵守技术性法规确定为法律义务,确保公民健康权的实现。

3. *广泛性* 卫生法律法规的内容几乎涉及了社会生活的各个领域和方面,凡是对人体健康产生影响的,无论是产品、环境,还是活动或行为,都在卫生法律法规的调整范围之内。

4. *多样性* 卫生法律法规调整的法律关系非常广泛,决定了其调节手段的多样性。例如,调整卫生服务活动中的权利义务关系时,既用行政手段又用民事手段,有时还要用刑事等手段,才能有效保护公民的健康权利。

5. *共同性* 卫生法律法规的目的在于预防和消灭疾病,保护人体生命健康权益,这是世界各国共同关注的主题。在经济全球化的今天,各国在医药卫生方面交流和借鉴也日益广泛,一些具有共同性的卫生要求被各国政府载入本国卫生法律。

二、卫生法律法规的调整对象

卫生法律法规的调整对象是指各种卫生法律规范所调整的社会关系，是国家卫生行政机关、医疗卫生组织、企事业单位、公民个人、国际组织之间及其内部在预防和治疗疾病，改善人们生产、学习和生活环境与卫生状况，保护和增进人体健康中所形成的各种社会关系。具体包括以下 4 个方面。

（一）卫生组织关系

卫生组织关系指卫生行政部门和医疗卫生组织之间的组织领导关系。卫生法律法规将各级卫生行政机关和各级各类医疗卫生组织的法律地位、组织形式、隶属关系、职权范围及权利义务关系等用法律条文的形式固定下来，使得国家对卫生工作领导有序，医疗卫生组织的活动有法律依据和保障。

（二）卫生管理关系

卫生管理关系指国家卫生行政机关与其他国家机关、企事业单位、社会团体及公民之间形成的权利义务关系。这种关系是国家卫生行政机关根据法律规定，在对医疗卫生工作进行计划、组织、指挥、调节、监督等活动中产生的社会关系，属于纵向的管理关系。包括卫生行政隶属关系和卫生职能管辖关系，前者如卫生行政机关与医疗卫生组织之间的医政管理关系，后者如卫生管理中的行政许可和行政处罚等关系。

（三）卫生服务关系

卫生服务关系指卫生行政机构、医疗卫生组织、有关企事业单位、社会团体和公民，在向社会公众提供医疗预防保健服务、医疗卫生咨询服务、医疗卫生设施服务活动中产生的社会关系，是一种横向的服务关系，表现为提供服务与接受服务的平等主体间的权利义务关系。常见的为医患关系。

（四）国际卫生关系

国际卫生关系是指由我国参加的国际公约和国际条例，并得到我国法律许可的有关国际共同遵守的，我国承诺的卫生法律关系。

三、卫生法律法规的基本原则和作用

（一）卫生法律法规的基本原则

1. *保护公民健康原则*　保护公民身体健康是我国一切卫生工作和卫生立法的根本宗旨和终极目标。根据这一原则，我国每个公民都依法享有改善卫生条件、获得基本医疗保健的权利。

2. *预防为主原则*　预防为主是我国卫生工作的根本方针，强调卫生工作首先从预防着手，做到无病防病、有病治病、防治结合、立足于防。

3. *公平原则*　基本要求是合理配置可使用的卫生资源。公平不是一个单一的、有限的目标，而是一个逐步改善的过程。

4. *全社会参与原则*　这是指卫生工作必须把各级政府部门、企事业单位及社会公众的积极性调动起来，全社会都参与进来。

（二）卫生法律法规的作用

1. *为医疗卫生行为提供规范引导作用*　主要是通过规定人们可以怎样行为，应该怎样行为和不应该怎样行为发挥其规范性引导作用。

2. 为医疗卫生行为提供教育和评价作用　卫生教育作用主要通过卫生法律的实施对一般人产生影响，从而起到教育作用，并按照卫生法律规范自己的卫生行为；卫生评价作用是指用卫生法律法规来衡量、判断卫生主体的卫生行为是否符合卫生法律规范。

3. 为维护人民身体健康提供保障作用　制定卫生法律法规就是为了保障人民群众的身体健康。生活水平的不断提高，身体素质的增强，又能更好发挥人民群众的聪明才智，更快促进经济社会的发展。

4. 为医学科学的发展提供法律支持　卫生法律法规的制定为防病治病、医学教育、医学研究、医学技术提供了保障。随着医学技术的进步，脑死亡、安乐死、器官移植、基因工程、人工生殖等新技术的临床应用及相关伦理问题的出现，需要用法律加以调整和维护，从而促进医学科学的发展。

5. 为医疗卫生事业的科学化、法制化管理提供有力依据　发展医疗卫生事业，除了依靠医疗卫生科学技术自身因素外，还要求医疗卫生事业管理科学化、法制化，这样不仅使我国医疗卫生事业的发展有法可依，并能提供有力保障。

6. 对违法的医疗卫生行为进行惩罚　为维护医疗卫生行为过程中各方的合法利益提供了有力支撑。对违法的医疗卫生行为进行惩罚，对危害社会卫生秩序的犯罪行为实施制裁，从而起到保护合法权益、预防违法犯罪的作用。

第二节　卫生法律关系和卫生法律渊源

一、卫生法律关系

(一) 卫生法律关系的概念

1. 概念　卫生法律关系是指由卫生法所调整的国家机关、企事业单位和其他社会团体之间，以及它们与公民之间在医疗卫生管理监督和医疗卫生预防保健服务过程中所形成的权利和义务关系。

重点提示

卫生法律关系和卫生关系既有联系又有区别。卫生关系是一种未经卫生法调整的社会关系，这种关系一旦纳入卫生法调整的范围就成为卫生法律关系，并受到卫生法的保护。在实际生活中卫生关系往往同时就是卫生法律关系。

2. 特征

(1) 卫生法律关系是既存在于平等主体间也存在于不平等主体间的一种法律关系。

(2) 卫生法律关系是卫生法确认的法律关系，具有特定的范围。

(3) 卫生法律关系所体现的利益是个人和社会的健康利益。

(4) 卫生行政部门和医疗卫生机构是卫生法律关系中最主要的主体。

(二) 卫生法律关系的构成要素

卫生法律关系的要素，是指构成每一个具体的卫生法律关系必须具备的因素，包括卫生法律关系的主体、内容、客体三个要素,缺一不可。

1. 卫生法律关系的主体　是指参加卫生法律关系、享有卫生权利和承担卫生义务的公民、法人和其他组织,简称当事人。

2. 卫生法律关系的内容　是指卫生法律关系主体依法享有的卫生权利和承担的卫生义务。

3. 卫生法律关系的客体　是指卫生法律关系主体的卫生权利和卫生义务所指向的对象,包括公民的生命健康权益、行为、物、智力成果。

(三)卫生法律关系的产生、变更和消灭

1. 含义　卫生法律关系的产生,指在卫生法律关系主体之间形成了某种权利和义务关系;卫生法律关系的变更,指卫生法律关系主体、客体或内容发生变化;卫生法律关系的消灭,指卫生法律关系主体之间权利义务关系的终止。

2. 卫生法律关系产生、变更、消灭的条件　卫生法律关系的产生、变更和消灭,是以一定的卫生法律规范为前提,以一定的卫生法律事实为直接原因。卫生法律规范为人们的行为规定了模式,使得卫生法律关系的产生、变更和消灭成为可能,而卫生法律事实使这种可能变成了现实。所谓卫生法律事实,是指法律规定的,能够引起卫生法律关系产生、变更和消灭的客观情况或现象,分为卫生法律事件和卫生法律行为。

卫生法律事件是指法律规定的、不以人们意志为转移的客观事实,分为社会事件和自然事件。如国家卫生政策的重大调整、卫生法律的重大修改、人的出生与死亡、自然灾害等。

卫生法律行为是指法律规定的、以当事人的主观意志为转移的行为,分为合法行为和违法行为两种。合法行为,是指当事人依据卫生法的规定或授权,实施的能够引起预期的法律后果的行为,这种行为为法律所确认和保护;违法行为,即当事人未履行或未能正确履行义务,使对方的权利未能实现或受到损害的行为,如销售伪劣化妆品、制售假药等。

二、卫生法律渊源

卫生法律渊源是指法定的国家机关制定的具有不同法律地位或效力的卫生法的分类,是卫生法的各种具体表现形式。根据我国宪法和法律的规定,我国卫生法的渊源主要有以下几种。

1. 宪法　宪法是我国的根本大法,是由我国最高权力机关通过法定程序制定的具有最高法律效力的规范性法律文件。既是我国卫生法律法规的立法依据,也是我国卫生法律法规的重要渊源。

2. 卫生法律　卫生法律是指由全国人民代表大会及其常务委员会制定的法律文件,其效力低于宪法。可分为两种:一种是由全国人民代表大会制定的,称为卫生基本法律;一种是由全国人民代表大会常务委员会制定的卫生基本法以外的卫生法律。

3. 卫生行政法规　卫生行政法规是由国务院制定发布的有关卫生方面的专门行政法规,其效力低于卫生法律。卫生行政法规既是卫生法的渊源之一,也是下级卫生行政部门制定各种卫生行政管理规章的依据。

4. 地方性卫生法规、卫生自治条例与单行条例　地方性卫生法规是指省级人民代表大会及其常务委员会、省会所在地的市或经国务院批准的较大的市的人民代表大会及其常务委员会依法制定和批准的,可在本行政区域内发生法律效力的有关卫生方面的规范性文件。

卫生自治条例与单行条例是指民族自治地方的人民代表大会依法在其职权范围内根据当地民族的政治、经济、文化的特点，制定发布的在本自治区有效的卫生规范性文件。

5. 卫生行政规章　卫生行政规章包括卫生行政部门规章和地方性卫生规章两种，前者包括国家卫生计生委（卫生部）单独发布的和与其他部门联合发布的规章，如《护士执业注册管理办法》；后者指由各省、自治区、直辖市以及各省、自治区人民政府所在地和经国务院批准的较大的市的人民政府，根据卫生法律，在其职权范围内制定和发布的有关地区卫生管理方面的规范性文件，如《河南省人民政府关于进一步加强艾滋病防治工作的意见》。

6. 卫生国际条约　卫生国际条约是指我国与外国缔结的或者我国加入并生效的有关卫生方面的国际法规范性文件。按照我国宪法和有关法律的规定，除我国声明保留的条款外，这些条约均对我国产生法律约束力，也是我国卫生法的渊源之一，如《国际卫生条例》等。

第三节　学习卫生法律法规的意义和方法

一、学习卫生法律法规的意义

1. 有利于推进依法治国，建设社会主义法治国家进程　党的十五大明确提出要依法治国，建设社会主义法治国家。依法管理卫生事业是实现依法治国，建设社会主义法治国家的重要内容。医学生学习法律知识，是建设社会主义法治国家的需要。

2. 有利于促进医疗卫生事业的发展　医务工作者掌握我国卫生法律法规后，就会极大地提高工作效率，必将会促进我国医疗卫生事业的发展。

3. 有利于维护公民的生命健康权利　通过学习卫生法律法规知识，有助于树立卫生法治观念，在自己的健康权利受到侵害时，能够正确运用法律武器维护自己的合法权益；另一方面，在日常生活中，能够根据法律规定，规范卫生行为，提高遵守卫生法律法规的自觉性。

4. 有利于规范医务人员的医疗卫生行为　制定卫生法律法规目的是为了培养新型医务工作人员、规范医疗行为，最大限度的保障人民的生命健康。当代医务工作者应当知法、懂法，明确自己法定的义务，才能正确履行职责，成为新型的医务工作者。

5. 有利于提高卫生执法水平和能力　卫生执法水平的高低，关系到社会公共卫生状况的改善和人民健康生活质量的提高，必须拥有一支具备一定卫生执法水平和能力的高素质的执法队伍。学习卫生法律法规有助于卫生执法人员依法执政，不断提高卫生行政执法水平。

二、学习卫生法律法规的方法

1. 运用唯物辩证法指导学习卫生法律法规　这是学习卫生法律法规的根本方法。辩证法的基本特征是普遍联系和永恒发展。把唯物辩证法运用于卫生法律法规的学习，就是要把卫生法律法规与社会现象联系起来一起思考，把卫生法律法规作为一个发展过程来理解。

2. 运用理论联系实际的方法学习卫生法律法规　卫生法律法规是一门应用理论学科，具有很强的实践性，学习卫生法律法规必须深入研究我国现行的卫生法律法规，运用法律法规的原理，结合现实生活，分析、解决卫生法律存在的现实问题，增强卫生法律意识，规范自己的行为，更好地为社会服务。

3. 其他方法

(1)历史考察法:卫生法律法规的制定和实施都有具体的历史条件和特定的历史背景,如果脱离了特定的时空,就不能正确认识。

(2)比较分析法:通过分析事物的异同,寻求原因,从而揭示事物的发展规律。

(3)归纳演绎法:从特殊到一般,从一般到特殊,反映事物的共性,揭示事物的个性,步步推进,逻辑严密,体现事物的规律。

讨论与思考

1. 卫生法律法规的基本原则是什么,对卫生立法有什么影响?
2. 学习卫生法律法规有何意义?对今后我们从事卫生工作有什么帮助?

(江　虹)

第 2 章

卫生法律法规的制定和实施

学习要点

1. 卫生法律法规制定的依据和原则
2. 卫生法律法规制定的程序
3. 卫生法律法规实施的效力范围
4. 卫生违法的含义及构成要件

案例分析

2005 年大学毕业的小敏受聘于某医院住院部外科，科室有 12 名护士，其中有一半是聘用制护士；有床位 30 张，但通常加床达 40 张，多的时候接近 50 张。小敏在医院工作 3 年了，每月的基本工资只有 750 元，加上奖金一个月也只能拿到一千五六。而正式护士底薪就一千二三，再加上奖金、煤气费、误餐费等，工资就更高了。面对这种不公平待遇，小敏等几个聘用制护士曾多次与院方协商无果。这种情况与其他医院的待遇相比还是好的，一些乡镇卫生院和社区诊所的待遇更差，聘用制护士意见很大。

2008 年 5 月 12 日，我国首部《护士条例》正式实施，填补了我国护士立法的空白。当小敏知道《护士条例》已经正式实施后，非常高兴，说聘用制护士的权益受到法律的保护，她们在有正式编制的护士面前终于可以抬起头来。

请分析

1.《护士条例》的效力范围是什么？

2. 遵守《护士条例》的主体有哪些？

制定完善的卫生法律法规是加强卫生法制建设的前提和基础，而卫生法律法规的实施则是加强卫生法制建设的核心和关键。

第一节　卫生法律法规的制定

一、卫生法律法规制定的概念

卫生法律法规的制定也称卫生立法,是指特定国家机关在其法定的职权范围内,依照法定的程序,制定、认可、修改和废止规范性卫生法律文件的活动。

二、卫生法律法规制定的依据和基本原则

(一)卫生法律法规制定的依据

1. *宪法是卫生立法的法律依据*　宪法是国家的根本大法,具有最高的法律效力。宪法中有关发展医疗卫生事业、保护人民健康的规定是国家卫生立法的法律依据。

2. *我国现阶段的物质生活条件是卫生立法的物质依据*　在卫生立法的过程中,必须从我国实际出发,充分考虑到我国现阶段的物质生活条件。这样制定出来的法律才既有可能在现实生活中执行,又能确保有效地规范社会行为,调整其应该调整的社会关系。

3. *卫生方针政策是卫生立法的政策依据*　党和国家有关卫生方面的方针、政策是党和国家在一定历史阶段,为实现特定的任务而提出的行为准则。这些卫生方针政策上升为法律规范,能得到更好的贯彻实施。

4. *医药卫生科学是卫生立法的科学依据*　卫生法律法规要有效地达到调整和保护人体健康的目的,就必须服从于医学等自然科学的基本规律,实现科学立法。

5. *保护人体健康是卫生立法的思想依据*　以保障人体健康为核心内容的卫生法,无论以什么形式表现出来都必须把保护人体健康作为立法工作的出发点和立脚点。

(二)卫生法律法规制定的基本原则

卫生法律法规制定的基本原则,是指在卫生领域内的立法工作中贯彻始终的行为准则,是我国社会主义立法原则在卫生领域中的具体体现。根据《立法法》规定,卫生立法应遵循以下基本原则。

1. *符合宪性原则*　卫生立法活动必须遵循宪法的基本原则和规定,这是维护和保障卫生立法合法性的重要原则。

2. *遵循一切从实际出发的原则*　从实际出发,就是从我国基本国情出发,充分考虑到我国的社会经济基础、生产力水平、各地的医药卫生条件、人口的素质以及各地区的不平衡状况,科学、合理地规定国家机关的权力和责任,公民、法人和其他组织的权利和义务。

3. *坚持民主立法的原则*　在卫生立法过程中,要坚持走群众路线,充分发扬民主,保障民众通过多种途径参与立法活动,如将法律草案向社会公布,公开征求群众意见;设立听证制度,给予民众陈述意见的权利等。

4. *科学立法的原则*　卫生法的制定必须在遵循法律科学的基础上,遵循医学科学的客观规律,反映医学发展的成果,适应医学科学的发展。

5. *法治立法的原则*　国家机关的立法活动必须在法定的权限范围内依据法定的程序进行,不得随意立法。

三、卫生法律法规制定的程序

卫生法律法规制定的程序是指国家机关在制定、修改、废止卫生规范性文件中所必须遵守的方式、步骤和顺序的总称。我国立法法对全国人民代表大会及其常务委员会的立法程序做了明确规定，对行政法规、地方性卫生法规和规章的制定程序也做了原则性规定。

(一) 立法提案

根据《立法法》的规定，全国人大教科文卫委员会和国务院可以向全国人大常委会提出制定卫生法律案。

(二) 审议提案

列入全国人大常委会会议议程的卫生法律案，由有关的专门委员会进行审议，提出审议意见，印发人大常委会会议。卫生法律提案一般应当经 3 次人大常委会会议审议后再交付表决。

(三) 通过提案

卫生法律提案经过全国人大常委会审议，在听取各方面意见并对法律草案加以修改，形成卫生法律草案修改稿。经人大常委会分组会议审议后，由法律委员会根据常委会组成人员的审议意见对法律草案修改稿做进一步修改，形成法律草案表决稿，可交付表决，由人大常委会全体组成人员的过半数通过。

(四) 公布施行

全国人大常委会通过的卫生法律由中华人民共和国主席签署主席令予以公布。

重点提示

卫生法的制定、修改和废止都需要严格依法定程序进行。

第二节　卫生法律法规的实施

一、卫生法律法规实施的概念

(一) 概念

卫生法律法规的实施是指通过一定方式使卫生法律规范在社会生活中得以实现的活动，就是使卫生法律从书本上的法律变成行动中的法律，使它从抽象的行为模式变成人们的具体行为。

(二) 实施方式

实施方式主要有两种：卫生法律法规的适用和卫生法律法规的遵守。

(三) 卫生法律法规的适用和效力范围

1. 卫生法律法规的适用　广义的卫生法律法规的适用，是指特定国家机关、组织及其人员依据法定职权和程序，具体应用卫生法律规范处理案件的专门活动。狭义的卫生法律法规的适用，仅指卫生司法活动。这里是从广义上研究卫生法律法规的适用。

卫生法律法规的适用是一种国家活动，与一般公民、法人和其他组织实现卫生法律法规的活动不同，其特征如下。

(1)权威性:卫生法律法规的适用是由特定的国家机关及其公职人员,按照法定职权实施法律的专门活动,具有国家权威性。除特定国家机关外,其他任何国家机关、社会组织和个人都不得从事这项工作。

(2)强制性:卫生法律法规的适用是特定国家机关以国家强制力为后盾实施卫生法律的活动,对有关机关依法所做的决定,所有当事者都必须执行,不得违抗。

(3)程序性及合法性:卫生法律法规的适用,是特定国家机关依照法定程序、运用法律处理案件的活动,具有严格的程序性及合法性。

(4)要式性:卫生法律法规的适用必须有表明法的适用结果的法律文书,如判决书、裁定书和决定书等,这些法律文书具有法律约束力。

2. *卫生法律法规的效力范围* 是指卫生法律法规的生效范围或适用范围,即卫生法律法规在什么时间、什么空间和对什么人有约束力,包括卫生法律法规的时间效力、空间效力和对人的效力 3 个方面。

(1)卫生法律法规的时间效力:卫生法律法规何时生效、何时失效,以及对其生效前的事件和行为是否有效,即法的溯及力问题。

卫生法律法规的生效时间主要有 3 种:①在法律、法规、规章中明确规定自公布之日起生效;②法律、法规、规章中没有具体规定生效时间,一般应视为自颁布之日起生效;③法律、法规、规章规定公布后符合一定条件时生效。

卫生法律法规的失效即卫生法律法规的废止,我国卫生法的失效有 3 种情况:①新法取代旧法,在新法中明文宣布废止旧法;②新法颁布之日起,相应旧法自行废止;③有关国家机关发布特别决议、命令宣布废止某些卫生法律、法规、规章。

卫生法律法规的溯及力是指新法颁布后对它生效前的事件和行为是否适用的问题,如果适用,就有溯及力,否则没有溯及力。我国卫生法一般不溯及既往,但为了更好地保护公民、法人和其他组织的权利和利益而做的特别规定除外。

(2)卫生法律法规的空间效力:卫生法适用的地域范围,一是在全国范围内有效;二是在一定地域内有效,有的卫生法还具有域外效力。

(3)卫生法律法规对人的效力:卫生法对哪些人有效,如在我国领域内有效,或是仅对特定对象适用。

二、卫生法律法规的遵守

卫生法律法规的遵守,是指国家机关、社会组织和公民依照卫生法律的规定,行使卫生权利和履行卫生义务的活动。卫生法的遵守是卫生法实施的一种基本形式,是法治的必然要求。守法包括守法主体、守法范围和守法内容等构成要素。

(一)遵守卫生法律法规的主体

卫生法律法规遵守的主体,包括一切国家机关、社会组织和全体中国公民,还包括在我国领域内的国际组织、外国组织、外国公民和无国籍人。

(二)遵守卫生法律法规的范围

卫生法律法规遵守的范围极其广泛,主要是各种制定法,包括我国的宪法、卫生法律、卫生行政法规、卫生规章、地方性卫生法规、卫生自治条例和单行条例、特别行政区的卫生法、我国参加的世界卫生组织的章程等。此外,有些非规范性文件,如人民法院的判决书、调解书,卫生行政部门的卫生行政处罚决定书等也属于守法的范围。

（三）遵守卫生法律法规的内容

卫生法律法规遵守的内容包括履行卫生法律义务和行使卫生法律权利两方面，两者密切联系，不可分割。它要求国家机关、社会组织和公民要依法承担和履行卫生义务，同时依法享有和行使卫生权利。

第三节　卫生违法与法律责任

一、卫生违法

（一）卫生违法的概念

违法，是与守法相对应的概念，是指一切违反法律法规，具有社会危害性的行为。卫生违法，是卫生法律关系主体实施的一切违反卫生法律法规的行为。

（二）卫生违法的构成

构成卫生违法必须具备以下4个要件。

1. 卫生违法必须是卫生法律关系主体实施了违反卫生法律法规的行为，包括作为和不作为，仅有思想而无行为不构成违法。作为是指行为人做出了法律所禁止的行为，即不该为而为之；不作为是指行为人没有做法律所要求的行为，即该为而不为。

2. 卫生违法必须是在不同程度上侵犯了卫生法所保护的社会关系和社会秩序，具有一定社会危害性的行为。如果一种行为并不侵犯法律所保护的社会关系，没有侵犯国家、社会、集体或个人的合法权益，就不构成违法。

3. 卫生违法必须是行为人主观上有过错的行为，包括故意和过失两个方面。

4. 卫生违法的主体必须具有法定责任能力。如果违法主体未达到法定责任年龄或者不具有法定责任能力，不能辨别自己的行为，则不构成卫生违法。

二、卫生法律责任

（一）卫生法律责任的概念

卫生法律责任是指违反卫生法律规范的行为主体对自己的违法行为所应承担的具有强制性、制裁性和否定性的法律后果。

（二）卫生法律责任的特点

1. 卫生法律责任以存在卫生违法行为为前提，行为主体实施违反卫生法律规范的行为是其承担卫生法律责任的前提和根据。

2. 卫生法律责任必须有卫生法律、法规和规章明确规定的卫生违法行为，但不是所有的违法行为都应承担法律责任，只有那些在法律规范中做了明确规定的违法行为，行为主体才能被追究法律责任。

3. 卫生法律责任具有国家强制性，违法者拒绝承担法律责任时，国家强制力将强制其承担相应的法律责任。

4. 卫生法律责任必须由国家授权的专门机关在法定职权范围内依法予以追究，除国家授权的专门机关外，其他任何组织和个人都不能行使这种职权。

(三) 卫生法律责任的种类

根据违反卫生法律规范的性质和社会危害程度不同，卫生法律责任可分为行政责任、民事责任和刑事责任 3 种。

1. 行政责任　卫生行政责任是指卫生法律关系主体违反卫生行政法律规范，但尚未构成犯罪时，所应承担的法律后果，包括行政处罚和行政处分两种形式。

(1) 卫生行政处罚是指卫生行政机关对违反了卫生法律法规的行政相对人所实施的一种行政制裁。其主要特征有：①必须由卫生行政主体做出；②必须是卫生行政主体针对行政相对人依法实施的外部行为；③必须是对行政相对人违反卫生行政管理秩序行为的处罚；④具有鲜明惩戒性，并由国家强制力作保证。

(2) 卫生行政处分是指卫生行政机关或医疗卫生机构依据行政隶属关系，对机关内部的执法人员、公务人员以及医疗卫生人员有违法、违纪或失职行为的人员给予的一种行政制裁。

2. 民事责任　卫生民事责任是指卫生法律关系主体因违反卫生法律法规而侵害了公民、法人或其他组织的合法权益，所应承担的损害赔偿责任。

3. 刑事责任　卫生刑事责任是指卫生法律关系主体违反法律法规，实施了侵犯卫生管理秩序及公民生命健康权的犯罪行为所应承担的法律后果。刑事责任是最为严厉的法律责任，卫生违法行为只有构成犯罪时，才用承担刑事责任。

重点提示

在不同情况下，行为人承担的法律责任也不同。在某些情况下，行为人有可能同时承担两种或两种以上的责任。

我国《刑法》对违反卫生法的刑事责任做了明确规定，规定了 20 余个与违反卫生法有关的罪名，如生产销售假药罪、传播性病罪、非法组织卖血罪、生产销售不符合卫生标准的食品罪、医疗事故罪、生产销售不符合标准的医用器材罪等。

讨论与思考

某市冻肉厂将 5 吨不符合卫生质量标准的猪肉冷藏后卖给香肠厂。市卫生局知情后，对该冻肉厂做出责令停业 1 个月的处罚决定。因事实清楚，证据确凿，冻肉厂要求举行听证的要求被驳回。冻肉厂不服，便以市卫生局为被告向人民法院提起行政诉讼。

请分析

1. 冻肉厂的行为是否构成卫生违法行为？违反了哪些法律法规？
2. 卫生法律法规对类似冻肉厂的行为规定了哪些处罚措施？

(刘志霞　段秋凤)

第 3 章

卫生行政执法和卫生行政救济

学习要点

1. 卫生行政执法的概念和特征
2. 卫生行政执法的原则和方式
3. 卫生行政复议的原则和程序
4. 卫生行政诉讼的原则和管辖范围
5. 卫生行政赔偿的程序和方式

案例分析

2009 年 5 月份，某区卫生局在对辖区内个体医疗诊所例行检查时，发现张某诊所未取得《医疗机构执业许可证》，属非法行医行为，遂下达了行政处罚决定书：立即停止一切诊疗活动；没收相关的药品、器械；罚款 3000 元，使张某诊所停止了诊疗活动。6 月份，该区卫生局在检查中发现张某诊所在仍未取得《医疗机构执业许可证》的情况下，重新开门营业从事诊疗活动，又下达了第二份行政处罚决定书。张某不服处罚，以区卫生局为被告诉讼至人民法院，要求撤销两份行政处罚决定书，理由：①区卫生局对其进行行政处罚没有经过听证程序；②重新开业活动属于同一违法行为，不能进行两次行政处罚。区卫生局辩称：①在对原告进行行政处罚前，送达了行政处罚事先告知书，告知原告做出行政处罚的事实、理由及依据及原告有陈述、申辩的权利；②对原告进行处罚的并非同一违法行为。

请分析

1. 原告提起的诉讼属于哪种诉讼？这种诉讼的原则有哪些？

2. 区卫生局是否有权对原告进行行政处罚？卫生行政处罚的程序有哪些？本案适用什么程序？

3. 区卫生局下达的两份行政处罚决定书是否违反了卫生行政处罚的原则？

第一节　卫生行政执法

卫生行政执法是卫生法律法规实施和适用的重要内容,是有效地进行国家卫生行政管理的基本途径。公正、合法地进行卫生行政执法不仅关系到卫生法律关系和秩序的建立与维护,切实保障公民、法人和其他社会组织在卫生行为中的合法权益,而且关系到卫生事业管理的法制化、科学化、民主化,对完善卫生法制建设、推动卫生事业健康发展具有重要意义。

一、卫生行政执法的概念与特征

(一)卫生行政执法的概念

卫生行政执法的概念　卫生行政执法是指卫生行政机关、法律法规授权的组织依法进行卫生事业管理,处理具体卫生事务及卫生案件,做出具体行政行为的活动和过程。

(二)卫生行政执法的特征

1. *特定性*

(1)执法主体的特定性:卫生行政执法主体是各级卫生行政机关和法律法规授权的组织,其他任何组织和个人不能从事卫生行政执法活动。

(2)执法对象的特定性:卫生行政执法对象是特定的具体的发生卫生行为的公民、法人和其他组织,称为卫生行政相对人。

2. *法定性*　卫生行政主体必须在法律规定的职权范围内履行职责,不得越权或滥用职权,同时享有法定的自由裁量权。

3. *专业技术性*　要求执法主体必须具备相当的卫生技术能力,需要有较强的医学专业技术知识为支撑。

4. *强制性*　卫生行政执法法律关系是一种纵向的管理与被管理的卫生法律关系。

5. *时效性*　执法主体必须准确、及时、迅速地处理案件,以维护行政相对人的合法权利。

6. *合法性*　只有合法的卫生行政执法行为才能产生法律效力,卫生行政执法行为合法需要同时具备 4 个条件:资格合法、职权合法、内容合法、程序合法。

二、卫生行政执法的主体

(一)卫生行政执法主体的概念

卫生行政执法主体是指依法享有卫生行政执法权力,以自己的名义从事卫生行政执法活动,并能独立地承担法律责任的组织,包括行政机关和法律法规授权组织,其中最主要的卫生行政执法主体是卫生行政机关。

(二)卫生行政执法主体的分类

根据执法主体资格取得的法律依据不同,卫生行政执法主体分为职权性执法主体和授权性执法主体两种类型。

1. *职权性行政执法主体*　是指根据宪法和行政组织法的规定,在其成立时就拥有行政职权并同时获得行政主体资格的行政组织,包括卫生和计划生育委员会、食品药品监督管理机关、国境卫生检疫机关等。

2. *授权性行政执法主体*　是指国家根据卫生行政管理的需要,通过法律法规将处理某一方面卫生行政事务的权力授予某些组织行使,该组织成为法律法规授权组织,具有卫生行政执法主体资格,包括卫生防疫机构、医学会等。

三、卫生行政执法的方式

(一)卫生行政许可

1. 卫生行政许可的概念　卫生行政许可是卫生行政部门根据公民、法人或者其他组织的申请,依照卫生法律规范进行审查,准予其从事与卫生管理有关的特定活动的行为。

2. 卫生行政许可的原则　公开、公平、公正、便民、高效、服务。

3. 卫生行政许可的范围　包括生产与健康相关产品的卫生许可、卫生机构设置许可、专业人员的执业许可。

4. 卫生行政许可的基本程序　申请与受理,审查与决定,听证,变更与延续,监督检查。

(二)卫生行政处罚

1. 卫生行政处罚的概念　卫生行政处罚是指卫生行政主体对违反卫生法律规范依法应当给予处罚的行政相对人所实施的法律制裁行为,是卫生行政执法过程中运用最多的执法手段,属于具体行政行为。

进行卫生行政处罚,必须遵守《行政处罚法》的原则和规定。

2. 卫生行政处罚的种类　卫生行政处罚主要分为声誉罚、财产罚、行为罚。

3. 卫生行政处罚的原则　进行卫生行政处罚要先调查取证后裁决,立足于事实清楚、证据确凿、适用法律正确,具体原则如下。

(1)处罚法定原则:实施卫生行政处罚的主体必须合法,处罚的种类、依据、违法行为必须是法律明文规定的。

(2)处罚与教育相结合原则:在制裁违法行为时,进行说服教育,告诫不再违法。

(3)公正、公开、过罚相当原则:公平、正直,没有偏私,处罚轻重应与违法事实、性质、情节及危害程度相适应。

(4)一事不再罚原则:对于卫生行政相对方的同一违法行为,不得给予两次以上同类的处罚;或者卫生行政相对方的一个行为违反一种卫生行政规范,只能由一个卫生行政机关做出一次处罚,不得重复处罚。

(5)处罚救济原则:又称法律救济原则,是指卫生行政主体对相对方实施卫生行政处罚时,必须保证行政相对方取得救济的途径,否则不能实施处罚。

(6)过期不处罚原则:违法行为人的违法行为经过一定期限未被发现,即不再予以行政处罚。我国行政处罚法规定,对违法行为进行行政处罚的期限一般为2年。

4. 卫生行政处罚的程序　根据案件情节、处罚轻重分别适用简易程序、一般程序和听证程序。

(1)简易程序:即当场处罚程序,是指对一些案情简单、处罚较轻的案件,实行现场处罚的程序。适用于警告及对公民处50元以下罚款、对法人或其他组织处以1000元以下罚款的行政处罚。

(2)一般程序:即普通程序,是对卫生行政违法案件实施处罚的基本程序,适用于一般行政处罚案件的处理。具体步骤:受理与立案,调查取证,提出处理意见,听取陈述和申辩,做出卫生处罚决定。

(3)听证程序:卫生行政机关在做出行政处罚决定前,组织调查取证人员和行为人等相关人员对案件有关问题进行质证、辩论,以听取意见、获取证据,进一步查明事实的法定程序。听证遵循公正、公开的原则,一般采取公开的方式进行。听证实行告知、回避制度,依法保障当事人的陈述权和申辩权。听证的具体步骤包括提出听证申请、听证通知、举行听证、制作听证笔录、做出卫生行政处罚决定。听证程序适用于责令停产停业、吊销许可证或者执照、较大数额罚款等行政处罚。

重点提示

卫生行政处罚和卫生行政处分是两种不同的责任形式:卫生行政处罚是国家卫生行政机关对违反卫生行政管理法律法规的公民、法人或者其他组织依法给予的制裁,是外部行政行为;卫生行政处分是国家卫生行政机关、医疗机构依法依规,给所属的有轻微违法或违纪行为人员的制裁,属于内部行政行为。

(三)卫生行政监督检查

卫生行政监督检查是指卫生行政主体对卫生行政相对方遵守卫生法律、法规、规章和履行行政主体的处罚、命令和决定的执行情况进行监察、督促、检查和查处的行政执法行为,具有针对性、强制性、专业性,分为定期卫生行政监督检查和不定期卫生行政监督检查。

重点提示

卫生行政监督检查不直接影响相对方的权利义务,检查中如果发现行政相对方有违法违规行为,需另行做出相应的制裁措施。

(四)卫生行政强制措施

卫生行政强制措施是指卫生行政机关为保障卫生行政管理秩序、维护国家和公共安全利益,依法采取强制手段强迫行政相对人做出一定行为或不做出一定行为的行政执法行为。卫生行政强制主要措施包括查封、扣押、留验、查验、责令停产、销售、使用,以及强制检疫、强制消毒、强制隔离治疗、强制医学观察等具体行为。

第二节　卫生行政救济

卫生行政救济是指公民、法人和其他组织认为卫生行政行为侵害其合法权益,请求有关国家机关对违法行为实施纠正而采取救济手段与措施的法律制度的总和。卫生行政救济途径主要有卫生行政复议、卫生行政诉讼和卫生行政赔偿。

一、卫生行政复议

(一)卫生行政复议的概念

卫生行政复议是指公民、法人和其他组织认为某一具体卫生行政行为侵犯了其合法权益,依法向做出该具体行政行为的上级行政机关或同级人民政府提出复议申请,复议机关对该具体行政行为进行合法性、适当性审查,并做出复议决定的行政行为。

申请卫生行政复议,必须遵守《行政复议法》的原则和规定。

(二)卫生行政复议的原则

1. 公正性原则　卫生行政复议要依据事实和法律,公正公平,平等正确,不能偏袒。

2. 公开性原则　卫生行政复议的过程应当向行政复议申请人和社会公开。

3. 及时性原则　复议案件的受理、审理、决定、执行都要及时。

4. 便民性原则　为申请人提供必要的便利,减少申请人在人力、物力、财力上的负担。

5. 一级复议原则　卫生行政复议只能进行一次,申请人对复议决定不服的,只能依法向人民法院提起卫生行政诉讼,不能再次申请复议。

6. 对具体行政行为的合法性和适当性进行审查原则　既审查行政行为是否违法,又审查自由裁量权的运用是否合理、适度、公正。

(三)卫生行政复议的受案范围

对卫生行政机关做出的行政处罚、强制措施不服,认为行政机关不履行职责,具体行政行为侵犯了自身的合法权益等都可以提请行政复议。

卫生行政复议的法定申请期限为60日,可以书面申请,也可以口头申请。

二、卫生行政诉讼

(一)卫生行政诉讼的概念

卫生行政诉讼是指在卫生行政法律纠纷中,行政相对人以行政主体为被告依法向人民法院提起诉讼,人民法院依法定程序审查行政主体的卫生行政行为的合法性,从而解决卫生行政争议的活动。

(二)卫生行政诉讼的基本原则

1. 起诉不停止执行原则　在卫生行政诉讼审理期间,具体行政行为不经人民法院变更或撤销不能停止执行。

2. 合法性审查原则　人民法院只对具体行政行为的合法性进行审查,一般不审查具体行政行为的合理性。

3. 被告负举证责任原则　卫生行政诉讼的原告是行政相对人,被告是行政主体。诉讼中,被告必须对其做出的具体行政行为的合法性提出证据加以证明。

4. 不适用调节原则　卫生行政案件一般不能适用调节的方式审理和结案,应由人民法院依据事实和法律做出公正的判决,但涉及行政赔偿的问题可以适用调节。

5. 相对人选择原则　卫生行政相对人对具体行政行为不服,可以先申请行政复议再提起行政诉讼,也可以不经复议直接提起行政诉讼,采取哪种救济途径维权由相对人选择。

(三)卫生行政诉讼的受案范围和管辖分工

1. 受案范围　对卫生行政主体做出的具体行政行为(包括行政管理、行政决定、行政处罚、行政强制措施等)、复议决定不服的,认为卫生行政主体不履行法定职责和义务的均可以提起卫生行政诉讼。

2. 管辖分工　管辖分工是指人民法院受理第一审卫生行政案件的权限划分,主要内容如下。

(1)级别管辖:基层人民法院受理一般的行政案件。

(2)地域管辖:行政案件由最初做出具体行政行为的行政机关所在地人民法院管辖,如果具体行政行为被复议机关改变的，也可以向复议机关所在地法院提起诉讼。因不动产提起的行政诉讼，由不动产所在地法院管辖。

重点提示

行政诉讼和行政复议是两个并行的法律救济制度。行政复议是行政机关内部的监督制度，是行政救济；行政诉讼是人民法院做出的诉讼裁决，是司法救济。行政诉讼的效力优于行政复议。

三、卫生行政赔偿

（一）卫生行政赔偿的概念、特征和构成要件

1. 卫生行政赔偿的概念　卫生行政赔偿是指国家卫生行政机关及其工作人员在执行公务过程中，因违法或不当行政行为侵害了行政相对人的合法权益并造成损害，由国家承担赔偿责任的制度，又称卫生行政损害赔偿，是国家赔偿制度的有机组成部分。

2. 卫生行政赔偿的特征

（1）卫生行政赔偿的侵权主体是卫生行政机关工作人员，其行为必须是职务行为，并且是违法行为。

（2）卫生行政赔偿的侵权对象是合法权益受到侵害的行政相对人。

（3）卫生行政赔偿的责任主体是国家。

3. 卫生行政赔偿的构成要件　侵权行为必须是具体行政行为，必须实际发生了损害结果，侵权行为与损害结果之间有直接的因果关系。

（二）卫生行政赔偿的范围、程序和方式

1. 赔偿范围　根据国家赔偿法的规定，行政机关及其工作人员在行使行政职权时有侵犯人身权和财产权情形的，受害人有取得赔偿的权利。赔偿范围主要有：①非法限制或剥夺公民人身自由的；②暴力行为造成公民身体伤害或者死亡的；③违法实施行政处罚的；④违法采取行政强制措施的；⑤违反国家规定征收财物、摊派费用的。

2. 赔偿程序　受害的行政相对人为赔偿请求人，侵权的行政机关或授权组织为赔偿义务机关。赔偿请求人要求赔偿，既可以单独向赔偿义务机关提出，也可以在申请卫生行政复议和提起卫生行政诉讼时一并提出。赔偿请求人请求国家赔偿的时效为2年。

3. 赔偿方式　国家赔偿以支付赔偿金为主要方式，能够返还财产或者恢复原状的，予以返还财产或者恢复原状。

讨论与思考

A区卫生局工作人员张某在B辖区内一饮食店就餐时与服务员发生争执，遂以执行公务、进行卫生检查为名，对饮食店做出了罚款的处罚决定。饮食店不服，想通过诉讼解决纠纷。

请分析

1. 你认为餐饮店有哪些途径可以维权？哪种途径最合适？为什么？

2. 张某做出处罚决定的行为是行政执法行为吗？为什么？

（李云芝）

第 4 章

医疗损害侵权责任法律制度

学习要点

1. 侵权责任法的概念
2. 侵权责任的构成要件
3. 侵权责任的归责原则
4. 承担侵权责任的种类、原则和方式
5. 医疗损害侵权责任的立法意义

案例分析

2010 年 9 月 1 日，杨某因交通事故，入住某医院进行治疗。医院初步诊断其伤情为："腹外伤、内脏破裂"。9 月 3 日，医院在全身麻醉情况下，对杨某进行了"小肠系膜破裂修补术"，术中主治医师发现杨某小肠系膜根部出现血肿，但因考虑到影响不大并没有及时进行处理。9 月 10 日，杨某突然出现腹部疼痛，被诊断为"肠破裂"。主治医师检查发现杨某腹腔有大量肠内溶物，胃壁和肠壁水肿明显，遂对其进行"肠破裂修补术"。但效果不佳，杨某于 9 月 16 日死亡。杨某家人以医院的诊疗行为存在过错为由，将该医院诉至法院，要求医院赔偿死亡赔偿金、丧葬费、精神损害抚慰金等费用。

请分析

1. 本案中该医院是否存在过错？存在哪些过错？
2. 杨某家人要求赔偿是否有法律依据？法院将如何认定医院的责任？

第一节 侵权责任法律制度概述

一、侵权责任法

侵权责任法是调整民事主体之间侵权责任关系的法律规范的总称。为更好地保护民事主体的人身权益和财产权益，明确侵权责任，解决侵权纠纷，预防并制裁侵权行为，促进社会和谐稳定,2009年12月26日,第十一届全国人民代表大会常务委员会第十二次会议通过并颁布了《中华人民共和国侵权责任法》,自2010年7月1日起施行。

重点提示

《侵权责任法》是我国目前认定侵权行为和追究侵权责任的最高级别的法律规范,在保护被侵权人的民事权益、追究侵权人的民事责任、减少侵权行为的发生等方面起到了基础性的作用。

二、侵权责任的概念和构成要件

(一)侵权责任的概念

侵权责任是指行为人侵害他人民事权益,依法应当承担的民事责任。

(二)侵权责任的构成要件

1. 违法性　行为人的行为违反法律规范、法定义务或者故意违背善良风俗,具有违法性。

2. 损害事实　受害人的人身或财产受到实际损害,事实明确。

3. 因果关系　行为人的侵权行为与损害之间具有因果关系。

4. 主观过错　行为人具有主观上的故意或过失。

三、侵权责任的归责原则

(一)过错责任原则

行为人因过错侵害他人民事权益,造成他人人身或财产损害的,应当承担侵权损害赔偿责任。

(二)推定过错责任原则

行为人不能证明自己没有过错,但根据法律规定推定行为人有过错的,应当承担侵权损害赔偿责任。

(三)无过错责任原则

当事人不存在过错,但行为导致他人损害结果的发生,依照法律规定应当承担侵权损害赔偿责任。

(四)公平责任原则

当事人双方对损害结果的发生都不存在过错,但在受害人蒙受重大的损失得不到赔偿、又显失公平的情况下,依照公平原则由当事人双方共同承担侵权损害赔偿责任。

四、侵权责任的承担

(一)承担侵权责任的种类、原则和方式

1. 承担责任的种类　主要有停止侵害、排除妨碍、消除危险、返还财产、恢复原状、赔偿损失、赔礼道歉、消除影响、恢复名誉等。

2. 适用原则　上述承担侵权责任的种类,可以单独适用,也可以合并适用。

3. 承担责任的具体方式　损害发生后,当事人可以协商赔偿费用的支付方式。协商不一致的,赔偿费用应当一次性支付。一次性支付确有困难的,可以分期支付,但应当提供相应的

担保。具体情形有:①侵权行为人造成他人人身损害的,应当赔偿医疗费、护理费、交通费等为治疗和康复支出的合理费用,以及因误工减少的收入;②侵权行为人造成他人残疾的,应当赔偿残疾生活辅助具费和残疾赔偿金;③侵权行为人造成他人死亡的,应当赔偿丧葬费和死亡赔偿金;④侵权行为人导致被侵权人死亡的,其近亲属有权请求侵权人承担侵权责任;⑤侵权行为人侵害他人人身权益,造成他人严重精神损害的,被侵权人可以请求精神损害赔偿;⑥因防止、制止他人民事权益被侵害而使自己受到损害的,由侵权行为人承担责任;侵权人逃逸或者无力承担责任,被侵权人请求补偿的,受益人应当给予适当补偿;⑦受害人和侵权行为人对损害的发生都没有过错的,可以根据实际情况,由双方分担损失。

(二)共同侵权责任

二人以上共同实施侵权行为,造成他人损害的,应当承担连带责任。

(三)承担侵权责任的顺序

侵权行为人因同一行为应当承担行政责任或者刑事责任的,不影响依法承担侵权责任。侵权行为人因同一行为应当承担侵权责任和行政责任、刑事责任,侵权行为人的财产不足以支付的,应先承担侵权责任,承担侵权责任的顺序是先承担民事责任,后承担行政责任和刑事责任。

(四)侵权责任的减轻与免除

1. 被侵权人存在过错　被侵权人对损害的发生也有过错的,可以减轻侵权行为人的责任。

2. 受害人故意　损害是因受害人故意造成的,侵权行为人不承担责任。

3. 不可抗力　因不可抗力造成他人损害的,侵权行为人不承担责任。

4. 正当防卫　因正当防卫造成他人损害的,侵权行为人不承担责任。

5. 紧急避险　因紧急避险造成损害的,由引起险情发生的行为人承担责任。如果危险是由自然原因构成的不可抗力引起的,紧急避险人不承担责任,但可根据情况,给予适当补偿。

重点提示

正当防卫、紧急避险采取措施不当或者超过必要的限度,造成不应有的损害的,正当防卫人或紧急避险人应当承担相应的责任。因受害人有过错、防卫过当或紧急避险超过必要限度需承担侵权责任的,可减轻责任。

第二节　医疗损害侵权与医疗损害赔偿

《侵权责任法》第七章用了11个条款对医疗损害侵权问题进行了特别的具体的规定,明确了发生医疗损害行为后医患双方的权利和责任。

一、医疗损害侵权责任

(一)医疗损害侵权责任的概念

医疗损害责任是指医疗机构及其从业人员,未尽相关法律、法规、规章和诊疗技术规范所规定的注意义务,在医疗过程中发生过错,并导致患者人身损害,依照法律应当承担的侵权责任。

(二)医疗损害侵权责任的构成要件

医疗损害侵权责任的构成要件是判定医疗损害侵权责任归属的基本依据,依照法律,医疗损害侵权责任的构成要件有如下几点。

1. 主体资格 医疗侵权行为的主体应当是法定的医疗机构及其医务人员。医疗机构是指取得医疗机构执业许可证,并向公众提供医疗服务的各级各类机构及个体诊所。医务人员是指依法取得执业医师资格或者执业助理医师资格,经注册在医疗、预防、保健机构中执业的人员或个体行医者。

2. 主观过错 医疗侵权行为中的过错,主要是指医疗机构或其医务人员因疏忽大意、过于自信,未尽到相应的诊疗注意义务而导致的故意和过失。主要存在以下几种情况。

(1)未尽到说明义务的过错:医务人员在诊疗活动中应当向患者说明病情和医疗措施。需要实施手术、特殊检查、特殊治疗的,医务人员应当及时向患者说明医疗风险、替代医疗方案等情况,并取得其书面同意。不宜向患者说明的,应当向患者的近亲属说明,并取得其书面同意。医务人员未尽说明义务,造成患者损害的,医疗机构应当承担赔偿责任。

(2)未尽到相应诊疗义务的过错:医务人员在诊疗活动中未尽到与当时的医疗水平相应的诊疗义务,造成患者损害的,医疗机构应当承担赔偿责任。

(3)未尽到紧急救治义务的过错:因抢救生命垂危的患者等紧急情况,不能取得患者或者其近亲属意见的,经医疗机构负责人或者授权的负责人批准,可以立即实施相应的医疗措施。医疗机构未尽到紧急救治义务,给患者造成损害的应承担相应的侵权责任。

(4)违规进行过度诊疗检查的过错:医疗机构在诊疗中应考虑患者病情、经济承受能力、综合疗效、伤害程度等多种情况,对患者实施适度医疗。医疗机构不能以获取经济利益为目的,故意采用超出疾病诊疗需要的必要手段,对患者进行不必要检查、不必要治疗,给患者造成不合理的费用和负担,或者导致患者丧失最佳治疗时机、最佳治疗方案造成新的人身伤害。因过度医疗产生的不合理费用或因新的人身伤害产生的费用应当由医疗机构进行赔偿。

重点提示

非法行医致人损害、医疗机构的设施或管理有瑕疵或者故意伤害患者的行为,不属于医疗损害侵权行为,应适用侵权责任法关于人身损害赔偿的一般规定,不适用医疗损害赔偿的特别规定。

3. 医疗行为 医疗机构和医疗人员为患者实施了诊疗护理等医疗行为,而被侵权人的实际损害是在医疗过程中由于医疗措施不当而造成的。

4. 损害结果 诊疗行为造成患者的损害主要是指因侵害患者的生命权、健康权、身体权而造成的人身、财产损害及精神损害。这种损害结果必须具有客观性、真实性、确定性。

重点提示

医疗机构及其医务人员只要有过错并因此造成患者损害,医疗机构就应承担赔偿责任,不再以是否构成医疗事故为前提。

(三)医疗侵权责任的赔偿主体及赔偿的法律依据

医疗损害侵权责任的行为主体是医务人员，责任主体是医疗机构。患者不能直接向医务人员主张赔偿，医疗机构与医务人员之间也不存在连带责任。这是法定的损害赔偿替代责任，医疗机构不能以任何理由推卸责任。对于有故意或者重大过失的医务人员，医疗机构可以行使追偿权。

重点提示

在诊疗护理过程中，直接给患者造成损害的是医务人员，而承担赔偿责任的则是该医务人员所属的医疗机构，因此受害者应当以医疗机构为第一责任主体。

(四)医疗侵权责任的归责原则

1. 过错责任原则　医疗损害责任的一般归责原则是过错责任原则。患者在诊疗活动中受到损害，医疗机构及其医务人员有过错的，由医疗机构承担赔偿责任。

2. 过错推定原则　在特殊情形下，医疗损害责任实行过错推定原则。医疗机构及其医务人员有违规诊疗、隐匿、伪造、篡改、销毁或者拒绝提供与纠纷有关的病历资料等行为的，一律推定医疗机构存在过错，医疗机构需要承担损害赔偿责任。

3. 无过错责任原则　医用产品缺陷造成的损害，实行无过错责任原则。不论医疗机构对其使用的医用产品缺陷的产生有无过错，都要向因此受到损害的患者承担侵权损害赔偿责任，医疗机构不能以缺陷并非因其产生而主张免除赔偿责任。

(五)医疗机构的免责事由

1. 患者或者其近亲属不配合医疗机构进行符合诊疗规范的诊疗造成损害的，医疗机构不承担赔偿责任。

2. 医务人员在抢救生命垂危的患者等紧急情况下已经尽到合理诊疗义务仍给患者造成损害的，医疗机构不承担赔偿责任。

3. 限于当时的医疗水平难以诊疗给患者造成损害的，医疗机构不承担赔偿责任。

重点提示

《侵权责任法》规定："因输入不合格血液造成患者损害，医疗机构或血液提供机构应承担赔偿责任。"这一规定与《医疗事故处理条例》中关于"无过错输血感染造成不良后果的医疗机构不承担责任"的规定不同，应以《侵权责任法》的规定为准。

二、医疗损害赔偿项目及标准

(一)赔偿项目

医疗损害赔偿的项目包括：医疗费、护理费、交通费等为治疗和康复支出的合理费用，以及因误工减少的收入。造成残疾的，应当赔偿残疾生活辅助具费和残疾赔偿金。造成死亡的，还应当赔偿丧葬费和死亡赔偿金。造成财产损失的，应按照被侵权人因此受到的损失赔偿。造成严重精神损害的，应当赔偿精神抚慰金。

（二）赔偿标准和方式

1. 赔偿标准

（1）医疗费、护理费、交通费、误工费、残疾生活辅助具费、丧葬费及各项为治疗和康复支出的合理费用的计算，依照最高人民法院《关于审理人身损害赔偿案件适用法律若干问题的解释》的规定确定。残疾赔偿金、死亡赔偿金按照国家上年度城镇职工年平均工资标准，按 15 年计算，并根据受害人的年龄、收入等因素，适当增加或者减少。

（2）精神损害赔偿，应双方协商或以人民法院根据实际情况的确定为准。

2. 赔偿方式　损害发生后，当事人可以协商赔偿费用的支付方式，可一次性支付，也可分期支付。

三、医疗损害侵权责任的立法意义

《侵权责任法》从法律层面对医疗损害责任进行了专门规定，进一步明确了医患双方的权利、义务，有利于妥善化解医患矛盾，维护医患双方合法权益，构建和谐医患关系。为解决医疗纠纷矛盾、处理医疗损害事故提供了直接的高效力的法律依据，具有举足轻重的实践指导意义。

（一）体现了在民事法律关系中医患双方平等的主体地位

医疗损害责任侵权的法律认定，体现了既要保护患者的合法权益，又要保护医疗机构及其医务人员的合法权益，合理地平衡各方面利益关系的法律宗旨，体现了民事法律关系主体地位平等的特征。

（二）明确了医疗机构及医务人员的权利和义务，加强了对医疗机构及其医务人员的保护

紧急情况下医方有单方行医权，有不得拒绝抢救的义务，妥善保管病历等资料的义务，隐私保密义务，不得实施违规检查的义务，明确规定了医疗机构免责的法定条件，医疗机构及其医务人员的合法权益、正常的医疗秩序受法律保护。

（三）规定并保障了患者的知情同意权

知情同意权是患者自主权的核心，是医患双方互相尊重、互相信任的体现。以法律的形式明确规定医务人员说明告知的义务和归责原则，有利于保障患者的知情同意权，更好地避免或协调医患纠纷。

（四）构建医疗损害责任体系，明确责任承担标准

医疗损害责任制度的确立构建了一元化的医疗损害责任体系，医疗损害责任归责原则体系的确立，有利于公正、合理的裁判各种医疗损害纠纷案件。

讨论与思考

1. 你所了解的我国有关医疗侵权方面的规定有哪些？

2. 通过对本章内容的学习，尝试着利用所学知识分析评价周围发生的医疗损害侵权的相关事件。

（张立哲）

第5章

医疗事故处理法律制度

学习要点

1. 医疗事故的概念
2. 医疗事故的除外情形
3. 医疗事故的分级
4. 医疗事故的鉴定程序
5. 医疗事故的法律责任

案例分析

2012年5月，王某身体不适在当地卫生院治疗。入院检查结果为："双肾结石"。医生建议手术。5月22日，王某在手术过程中出现出血，被迫进行"右肾切除术"。5月23日，王某死亡。

当地医疗事故鉴定委员会认为：院方对病情的复杂性认识不足，导致病人死亡；当出现病情变化时，未按规定程序告知家属。认定该手术属一级甲等医疗事故，卫生院负全部责任。经法院判决卫生院依法承担全部民事赔偿责任，包括医疗费、精神损害抚慰金、交通费、丧葬费及陪护费共计15万元。

请分析

1. 本案中医疗事故鉴定委员会做出鉴定结论的依据是什么？对案件审理有什么影响？
2. 结合本案说说医疗事故赔偿费用有哪些内容？

第一节 医疗事故的构成及分级

《医疗事故处理条例》由国务院制定公布，自2002年9月1日起施行，是认定和处理医疗事故的主要依据。

一、医疗事故的概念和构成要件

(一)医疗事故的概念

医疗事故是指医疗机构及其医务人员在医疗活动中,违反医疗卫生管理法律、行政法规、部门规章和诊疗护理规范、常规,过失造成患者人身损害的事故。

(二)医疗事故的构成要件

1. 行为主体　医疗事故的行为人必须是经过考核和卫生行政机关批准或承认,取得相应资格的各级各类卫生技术人员。因诊疗护理工作是群体性的活动,构成医疗事故的行为人,还应包括从事医疗管理、后勤服务等人员。

2. 主观过错　医疗事故的行为人,必须在诊疗护理工作中存在故意或者过失。

3. 诊疗过程　医疗事故必须发生在诊疗护理工作过程中,非诊疗行为而导致的损害,不是医疗事故。

4. 危害结果　对病患造成了客观危害后果。

5. 因果关系　侵害行为和损害结果之间,必须有直接的因果关系。

二、医疗事故等级划分和预防处置

(一)医疗事故的等级划分

根据对患者人身造成的损害程度不同,医疗事故分为四级。

一级医疗事故指造成患者死亡、重度残疾的事故。

二级医疗事故指造成患者中度残疾、器官组织损伤导致严重功能障碍的事故。

三级医疗事故指造成患者轻度残疾、器官组织损伤导致一般功能障碍的事故。

四级医疗事故指造成患者明显人身损害的其他后果的事故。

(二)处理医疗事故的原则

处理医疗事故,应当遵循公开、公平、公正、及时、便民的原则。坚持实事求是的科学态度,做到事实清楚、定性准确、责任明确、处理恰当。

(三)医疗事故的预防

医疗机构及其医务人员在医疗活动中,必须严格遵守医疗卫生管理法律、行政法规、部门规章和诊疗护理规范、常规,恪守医疗服务职业道德。

在医疗活动中,医疗机构及其医务人员应当将患者的病情、医疗措施、医疗风险等如实告知患者,及时解答其咨询。除外,医疗机构应当制定防范、处理医疗事故的预案,预防医疗事故的发生,减轻医疗事故的损害。

(四)医疗事故的处置

1. 医疗过失行为的处理　发生或者发现医疗过失行为,医疗机构及其医务人员应当立即采取有效措施,避免或者减轻对患者身体健康的损害,防止损害扩大。

2. 医疗事故争议的处理　发生医疗事故争议时,死亡病例讨论记录、疑难病例讨论记录、上级医师查房记录、会诊意见、病程记录应当在医患双方在场的情况下封存和启封。封存的病历资料可以是复印件,由医疗机构保管。

3. 患者死亡的处理　医患双方当事人不能确定死因或者对死因有异议的,应当在患者死亡后 48 小时内进行尸检,具备尸体冻存条件的,可以延长至 7 天。尸检应当经死者近亲属同意并签字。尸检应当由按照国家有关规定取得相应资格的机构和病理解剖专业技术人员进行。承担尸检任务的机构和病理解剖专业技术人员有进行尸检的义务。医疗事故争议双方当事人可以请法医病理学人员参加尸检,也可以委派代表观察尸检过程。患者在医疗机构内死亡的,尸体应当立即移放太平间。死者尸体存放时间一般不得超过2周。逾期不处理的尸体,经医疗机构所在地卫生行政部门批准,并报经同级公安部门备案后,由医疗机构按照规定进行处理。

第二节 医疗事故的技术鉴定和解决途径

一、医疗事故的技术鉴定

(一)医疗事故的鉴定机构和组织

设区的市级和省、自治区、直辖市直接管辖的县(市)级地方医学会负责组织专家鉴定组进行首次医疗事故技术鉴定工作。省、自治区、直辖市地方医学会负责组织医疗事故争议的再次鉴定工作。负责组织医疗事故技术鉴定工作的医学会可以设立医疗事故技术鉴定工作办公室,具体负责有关医疗事故技术鉴定的组织和日常工作。

(二)医疗事故的鉴定程序

1. *鉴定提起* 卫生行政部门接到医疗机构关于重大医疗过失行为的报告或者医疗事故争议当事人要求处理医疗事故争议的申请后,对需要进行医疗事故技术鉴定的,应当交由负责医疗事故技术鉴定工作的医学会组织鉴定。医患双方协商解决医疗事故争议,需要进行医疗事故技术鉴定的,由双方当事人共同委托负责医疗事故技术鉴定工作的医学会组织鉴定。

2. *初次鉴定* 负责组织医疗事故技术鉴定工作的医学会,应当自受理医疗事故技术鉴定之日起5日内通知医疗事故争议双方当事人,提交医疗事故技术鉴定所需的材料。当事人应当自收到医学会的通知之日起10日内提交有关医疗事故技术鉴定的材料、书面陈述及答辩。医学会自接到当事人提交的有关医疗事故技术鉴定的材料之日起45日内,组织鉴定并出具医疗事故技术鉴定书。不符合鉴定条件的,做出不予鉴定的书面意见。

3. *再次鉴定* 当事人对首次医疗事故技术鉴定结论不服的,可以自收到首次鉴定结论之日起15日内向医疗机构所在地卫生行政部门提出再次鉴定的申请。

4. *申请回避* 专家鉴定组成员有下列情形之一的,应当回避,当事人也可以以口头或者书面的方式申请其回避:①是医疗事故争议当事人或者当事人的近亲属;②与医疗事故争议当事人有利害关系;③与医疗事故争议当事人有其他关系,可能影响公正鉴定。

专家鉴定组进行医疗事故技术鉴定,人数应为单数,实行合议制。

(三)医疗事故的鉴定结论

鉴定结论是专家鉴定组在事实清楚、证据确凿的基础上,综合分析患者的病情和个体差异所做出的专业判断。鉴定结论应当以医疗事故技术鉴定书的形式出具。

医疗事故技术鉴定结论应当包括下列主要内容。

1. 双方当事人的基本情况及要求。
2. 当事人提交的材料和负责组织医疗事故技术鉴定工作的医学会的调查材料。
3. 对鉴定过程的说明。
4. 医疗行为是否违反医疗卫生管理法律、行政法规、部门规章和诊疗护理规范、常规。

5. 医疗过失行为与人身损害后果之间是否存在因果关系。

6. 医疗过失行为在医疗事故损害后果中的责任程度。

7. 医疗事故等级。

8. 对医疗事故患者的医疗护理医学建议。

鉴定结论须有专家鉴定组成员半数以上通过，鉴定过程应当如实记载。

(四)不属于医疗事故的情形

《医疗事故处理条例》规定了不属于医疗事故的 6 种法定情形。

1. 为抢救垂危患者生命而采取的紧急措施造成不良后果的不属于医疗事故。在紧急情况下为抢救病人的生命，医护人员可按照医疗操作规范采取紧急救治措施。

2. 在医疗活动中由于病情异常或者患者特殊体质而发生的医疗意外不属于医疗事故。医疗意外，是指医护人员根据当时的情况由于病情或病员体质特殊而发生难以预料和防范的不良后果。

3. 无过错输血感染造成不良后果的不属于医疗事故。例如，医护人员在给病人提供血源时，按照供血的有关规定进行查验，输血操作无误，而输血后病人仍出现不良后果的情况。

4. 因患方原因延误诊疗导致不良后果的不属于医疗事故。例如隐瞒病情、不遵守医嘱服药或检查、私自外出等原因导致不良后果的，不能认定为医疗事故。

5. 在现有医学科学技术条件下，发生无法预料或者不能防范的不良后果的不属于医疗事故。例如，患者症状明确，医务人员操作不存在过错，但病人出现呼吸、心搏骤停，器官功能衰竭等不良后果。

6. 因不可抗力造成损害后果的不属于医疗事故。如自然灾害、政府行为、社会事件等。

二、医疗事故争议解决的法律途径和医疗事故的赔偿

(一)医疗事故争议解决的三种基本途径

1. *双方协商*　发生医疗事故后，双方当事人可以在法律范围内，共同商量以达成一致的解决意见的方法。

2. *行政调解*　国家行政机关处理双方当事人医患争议的一种方法。医患双方在国家行政机关主持下，以法律法规为依据，以自愿为原则，通过说服劝导，以解决医疗事故争议而达成和解协议的活动。

重点提示

经卫生行政部门调解，双方当事人就医疗事故赔偿达成协议的，制作调解书，双方当事人应当履行，调解不成或者经调解达成协议后一方反悔的，卫生行政部门不再调解。

3. *民事诉讼*　医疗事故当事人诉至法院，请求司法审判机关解决争议的方法。

重点提示

发生医疗事故的赔偿等民事责任争议，医患双方可协商解决。不愿意协商或者协商不成的，当事人可向卫生行政部门提出调解申请，也可直接向人民法院提起民事诉讼。

(二)医疗事故的赔偿

1. *赔偿依据* 医疗事故赔偿,应当考虑下列因素,确定具体赔偿数额。

(1)医疗事故等级。

(2)医疗过失行为在医疗事故损害后果中的责任程度。

(3)医疗事故损害后果与患者原有疾病状况之间的关系。

2. *赔偿项目和标准*

(1)医疗事故赔偿项目主要包括:医疗费、误工费、住院伙食补助费、陪护费、残疾生活补助费、残疾用具费、丧葬费、被扶养人生活费、交通费、住宿费、精神损害抚慰金。

(2)赔偿标准:①医疗费。按照医疗事故对患者造成的人身损害进行治疗所发生的医疗费用计算,凭据支付,但不包括原发病医疗费用。结案后确实需要继续治疗的,按照基本医疗费用支付。②误工费。患者有固定收入的,按照本人因误工减少的固定收入计算,对收入高于医疗事故发生地上一年度职工年平均工资 3 倍以上的,按照 3 倍计算;无固定收入的,按照医疗事故发生地上一年度职工年平均工资计算。③住院伙食补助费。按照医疗事故发生地国家机关一般工作人员的出差伙食补助标准计算。④陪护费。患者住院期间需要专人陪护的,按照医疗事故发生地上一年度职工年平均工资计算。⑤残疾生活补助费:根据伤残等级,按照医疗事故发生地居民年平均生活费计算,自定残之月起最长赔偿 30 年。但是,60 周岁以上的,不超过 15 年;70 周岁以上的,不超过 5 年。⑥残疾用具费。因残疾需要配置补偿功能器具的,凭医疗机构证明,按照普及型器具的费用计算。⑦丧葬费。按照医疗事故发生地规定的丧葬费补助标准计算。⑧被扶养人生活费:以死者生前或者残疾者丧失劳动能力前实际扶养且没有劳动能力的人为限,按照其户籍所在地或者居所地居民最低生活保障标准计算。对不满 16 周岁的,扶养到 16 周岁。对年满 16 周岁但无劳动能力的,扶养 20 年。但是,60 周岁以上的,不超过 15 年。70 周岁以上的,不超过 5 年。⑨交通费。按照患者实际必需的交通费用计算,凭据支付。⑩住宿费:按照医疗事故发生地国家机关一般工作人员的出差住宿补助标准计算,凭据支付。⑪精神损害抚慰金。按照医疗事故发生地居民年平均生活费计算。造成患者死亡的,赔偿年限最长不超过 6 年。造成患者残疾的,赔偿年限最长不超过 3 年。

3. *赔偿方式* 医疗事故赔偿费用,实行一次性结算,由承担医疗事故责任的医疗机构支付。

重点提示

参加医疗事故处理的患者近亲属所需交通费、误工费、住宿费,计算费用的人数不超过 2 人。

第三节 违反医疗事故处理法律制度的责任

一、违反医疗事故处理法律制度的行政责任

(一)医疗行政部门责任

卫生行政部门有下列情形之一的,由上级卫生行政部门给予警告并责令限期改正。

1. 接到医疗机构关于重大医疗过失行为的报告后,未及时组织调查。

2. 接到医疗事故争议处理申请后，未在规定时间内审查或者移送上一级人民政府卫生行政部门处理。

3. 未将应当进行医疗事故技术鉴定的重大医疗过失行为或者医疗事故争议移交医学会组织鉴定。

4. 未按照规定逐级将当地发生的医疗事故以及依法对发生医疗事故的医疗机构和医务人员的行政处理情况上报。

5. 未依照规定审核医疗事故技术鉴定书。

（二）医疗机构责任

医疗机构发生医疗事故的，由卫生行政部门根据医疗事故等级和情节，给予警告。情节严重的，责令限期停业整顿直至由原发证部门吊销执业许可证。

医疗机构或者其他有关机构有下列情形之一的，由卫生行政部门责令改正，给予警告。对负有责任的主管人员和其他直接责任人员依法给予行政处分或者纪律处分。情节严重的，由原发证部门吊销其执业证书或者资格证书。

1. 承担尸检任务的机构没有正当理由，拒绝进行尸检。

2. 涂改、伪造、隐匿、销毁病历资料。

二、违反医疗事故处理法律制度的刑事责任

（一）医疗事故罪

医疗机构发生医疗事故的，由卫生行政部门根据医疗事故等级和情节，给予警告。情节严重的，责令限期停业整顿直至由原发证部门吊销执业许可证，对负有责任的医务人员依照刑法关于医疗事故罪的规定，依法追究刑事责任。

（二）受贿罪

参加医疗事故技术鉴定工作的人员违反法律的规定，接受申请鉴定双方或者一方当事人的财物或者其他利益，出具虚假医疗事故技术鉴定书，造成严重后果的，或者卫生行政部门的工作人员在处理医疗事故过程中违反法律的规定，利用职务上的便利收受他人财物或者其他利益，依照刑法关于受贿罪的规定，依法追究刑事责任。

（三）滥用职权罪

卫生行政部门的工作人员在处理医疗事故过程中违反法律的规定，滥用职权造成严重后果的，依照刑法滥用职权罪的规定，依法追究刑事责任。

（四）玩忽职守罪

卫生行政部门的工作人员在处理医疗事故过程中违反法律的规定，玩忽职守造成严重后果的，依照刑法玩忽职守罪的规定，依法追究刑事责任。

三、违反医疗事故处理法律制度的民事责任

（一）侵权责任

发生医疗事故后，医疗机构在医疗救治过程中存在过错而导致损害结果的发生，医疗机构应当按照《侵权责任法》中关于医疗损害责任的规定承担民事侵权赔偿责任。

（二）违约责任

在医疗救治过程中，医疗机构不履行合同义务或履行医疗合同义务不符合医疗合同约定，

导致医疗损害或医疗事故的发生，依据《民法通则》《合同法》《医疗事故处理条例》的相关规定承担民事赔偿责任。

讨论与思考

1. 医疗事故的责任认定程序是什么？
2. 请结合所学知识分析医疗事故责任和医疗损害责任之异同。

（张立哲）

第6章

医疗机构管理法律制度

学习要点

1. 医疗机构的概念及设置
2. 医疗机构的执业规则和法律责任
3. 医院的概念、分类
4. 医院分级管理的规定
5. 医护质量管理制度
6. 急救医疗机构的任务及院前急救管理

案例分析

某日裘某在交通事故中受伤。上午11时35分,通过"120"急救电话,某区人民医院于11时37分派出救护车,11时52分到达事故现场。初步诊断为:"双侧股骨、胫腓骨骨折,头胸腹部挫伤待查"。12时52分救护车将裘某送至解放军某医院。此时,其已出现面色苍白、四肢冰冷、血压测不到、脉搏弱、呼吸急促等表现,诊断为:"全身多发性骨折并怀疑颅脑损伤、双侧血气胸、腹内脏器破裂、失血性休克等"。16时15分,裘因创伤性出血性休克抢救无效死亡。

经了解得知:某区人民医院的救护车在送裘某去医院时,舍弃了就近的十几家医疗条件较好甚至是本市最好的医院,用了1个小时将伤者送至离事故现场较远的解放军某医院救治,使伤者错过了最佳治疗时机,造成失血过多,致创伤性失血性休克死亡的严重后果。

请分析

1. 某区人民医院对裘某的救治行为是否存在过错?对他的死亡是否应当承担责任?
2. 医疗机构的基本职责是什么?
3. 结合本案分析院前医疗急救应遵循哪些原则?

医疗机构管理法律制度是为了促进医疗卫生事业发展,加强对医疗机构管理,保障公民健康,合理配置医疗卫生资源而制定的法律、法规、条例和规章等规范性文件的总和,这些法律法规主要有:国务院颁布的自1994年9月1日起施行的《医疗机构管理条例》,卫生部发布的自1994年9月1日起施行的《医疗机构管理条例实施细则》,卫生部和国家中医药管理局制定的自2002年9月1日起施行的《医疗机构病历管理规定》,国家卫生和计划生育委员会颁布的自2014年2月1日起施行的《院前医疗急救管理办法》等。

第一节 医疗机构管理法律制度概述

一、医疗机构的概念、分类及名称

(一)医疗机构的概念

医疗机构是依照法定程序设立、以服务公众健康为宗旨,履行救死扶伤、防病治病职责,从事疾病预防和诊治的卫生服务机构的总称,主要形式有医院、卫生院等。

(二)医疗机构的分类

我国的医疗机构从不同的角度划分,可以分为以下几类。

1. 按功能、任务、规模　医疗机构分为医院、妇幼保健院、社区卫生服务中心(站)、卫生院(所)、疗养院、门诊部、诊所、急救中心(站)、专科疾病防治院(所)等。

2. 按性质、社会功能及其承担的任务　医疗机构可分为营利性医疗机构和非营利性医疗机构。

3. 按所有制形式　医疗机构可分为公有制医疗机构、民办医疗机构和中外合资、合作形式的医疗机构。

(三)医疗机构的名称规定

医疗机构的名称由识别名称和通用名称依次组成。识别名称有地名、单位名称、个人姓名、医学学科名称、医学专业和专科名称、诊疗科目名称等;通用名称为医院、卫生院、妇幼保健院、门诊部、诊所、急救中心等名称。

二、医疗机构的设置制度

(一)医疗机构的规划设置与审批

设置医疗机构由省市两级卫生行政部门统一规划、设置和布局,实行统一准入、统一监管。个人和单位经申请设置医疗机构需由县级以上卫生行政部门按照设置条件、规划原则进行审批,取得设置医疗机构批准书。

个人在城市设置诊所,须取得《医师执业证书》或者医师职称后,在医疗保健机构从事5年以上同一专业临床工作。

重点提示

个体医疗机构凭借自身机制灵活,服务质量好,成本核算严格,市场信息灵活,管理成本较低等优势成为我国医疗卫生资源的重要组成部分。

(二)医疗机构的执业登记与校验

1. 登记　医疗机构填写《医疗机构申请执业登记注册书》,由批准其设置的卫生行政部门办理执业登记。经审核合格予以登记，发给《医疗机构执业许可证》。

2. 校验　《医疗机构执业许可证》定期校验。床位不满 100 张的医疗机构，每年校验 1 次；床位在 100 张以上的医疗机构，每 3 年校验 1 次。

重点提示

医疗机构的校验期分为 1 年和 3 年两种，而《医疗机构执业许可证》副本可用于 5 次校验结果的登记。一般情况下，《医疗机构执业许可证》及其副本的有效使用期限可依据持证医疗机构校验期的不同，分别定为 5 年或 15 年。

三、医疗机构的执业管理

（一）医疗机构开展诊疗活动的管理规定

1. 依法登记　医疗机构执业应当进行登记，领取《医疗机构执业许可证》，依法开展诊断、治疗活动。

2. 按照核准登记的诊疗科目开展诊治活动　医疗机构执业，必须遵守法律法规和医疗技术规范，按照核准登记的诊疗科目开展诊断、治疗活动，未经允许不得擅自超出诊疗范围。

重点提示

超范围行医属于非法行医情形之一，除急诊和急救外，医疗机构诊疗活动不得超出登记的诊疗科目范围。

3. 按标准收取医疗费用　医疗机构应当按照政府物价等有关部门核准的收费标准收取医疗费用，详列细项并出具收据。将《医疗机构执业许可证》、诊疗科目、诊疗时间和收费标准悬挂于明处。

4. 不得使用非卫生技术人员从事医疗卫生技术工作　非经专业学习和资格认定不能从事医疗卫生专业技术工作，医疗机构工作人员上岗工作，必须佩戴载有本人姓名、职务或职称的标牌。

5. 按规定使用医疗机构单据　标有医疗机构标识的票据和病历本册以及处方笺、各种检查的申请单、报告单、证明文书单、药品分装袋、制剂标签等不得买卖、冒用、出借和转让。

（二）医疗机构开展诊疗活动的执业要求

1. 加强教育和管理　医疗机构应当对医务人员加强医德医风教育和医疗质量管理，督促医务人员恪守职业道德，严格执行各项管理制度和操作要求，确保服务质量和医疗安全。

2. 尊重患方知情同意权利　医疗机构应当尊重患者对自己的病情、诊断、治疗的知情权利。在实施手术、特殊检查、特殊治疗时，应当向患者做必要的解释，征得患者同意并签字；无法取得患者意见时，应当取得其家属或者关系人同意并签字。无法取得患者意见又无近亲属或者关系人在场，或者遇到其他特殊情况时，经治医师应当提出医疗处理方案，在取得医疗机构负责人或者被授权负责人员的批准后实施。

医疗机构因实施保护性医疗措施不宜向患者说明情况的，应当将有关情况通知患者家属，并取得患者家属和有关人员的配合。

3. 按规定出具医学证明文件　未经医师亲自诊查，医疗机构不得出具疾病诊断书、健康证明书或者死亡证明书等证明文件；未经医师、助产人员亲自接产，医疗机构不得出具出生证明书或者死产报告书。医疗机构为死因不明者出具的《死亡医学证明书》，只做是否死亡的诊断，不作死亡原因的诊断。如果有关方面要求进行死亡原因诊断，医疗机构必须指派医生对尸体进行解剖和死因检查后方能做出死因诊断。

重点提示

医学证明文件不仅是患者接受诊疗服务过程和健康状况的有力证明，也是处理医疗纠纷的法定证据，具有不可替代的重要作用，医疗机构必须如实、慎重地出具医学证明文件。

4. 及时救治危重病人　医疗机构对危重病人应当立即抢救，对限于技术条件不能诊治的病人，应当及时转诊。

5. 药品使用管理　医疗机构应当按照有关法律法规的规定，加强药品管理，不得使用假劣药品、过期和失效药品以及违禁药品。

重点提示

个体医疗机构不得经营麻醉药品、剧毒药品、放射性药品，不得对非就诊病人售药，不得自行加工制剂，药柜仅限常见病治疗和急症抢救药品。

6. 病例保存管理　医疗机构门诊病历的保存期不得少于15年；住院病历的保存期不得少于30年。

7. 医疗废物分类贮存　医疗机构应对医疗废物实施分类管理，建立医疗废物暂时贮存的设施、设备，不得露天存放医疗废物；医疗废物暂时贮存的时间不得超过2天。

8. 防止医院感染　医疗机构应当建立医院感染管理责任制，制定并落实医院感染管理的规章制度和工作规范，严格执行有关技术操作规范和工作标准，严格执行无菌消毒、隔离制度，有效预防和控制医院感染，防止传染病传播。

9. 承担预防保健工作　医疗机构应承担相应的预防保健工作，承担支援农村、指导基层卫生工作。在发生重大灾害、事故、疾病流行或者其他意外情况时，医疗机构及其卫生技术人员必须服从县级以上人民政府卫生行政部门的调遣。

四、医疗机构的违法处罚

对医疗机构的违法处罚主要以行政处罚和经济处罚为主，由县级以上卫生行政部门根据医疗机构的违法行为，予以相应的处罚。情节恶劣造成严重不良后果，构成犯罪的，依法追究医疗机构主要负责人或当事人的刑事责任。

(一) 处罚种类

对医疗机构违法的行为，根据情节轻重对直接责任人或医疗机构进行处罚，种类主要有责令改正，责令停止执业活动，没收非法所得和药品、械器，警告，罚款，吊销《医疗机构执业许可证》。

（二）处罚情节

1. 对未取得执业许可证擅自执业的行为进行处罚。

2. 对逾期不校验《医疗机构执业许可证》又不停止诊疗活动的行为进行处罚。

3. 对出卖、转让、出借《医疗机构执业许可证》的行为进行处罚。

4. 对超出诊疗登记范围的行为进行处罚。

5. 对聘用非卫生技术人员从事医疗卫生技术工作的行为进行处罚。

6. 对出具虚假证明文书的行为进行处罚。

第二节　医院管理法律制度

医院管理是按照医院工作的客观规律，运用现代管理理论和方法，对人、财、物、信息、时间等资源，进行计划、组织、协调、控制的管理活动过程。为加强医院工作，提高医院管理水平，坚持"以病人为中心"，持续改进医疗质量，保障医疗安全，改善医疗服务，为人民群众提供安全、有效、方便、价廉的医疗服务，卫生部先后发布了《全国医院工作条例》（1982 年 1 月）、《医院工作制度》（1982 年 4 月）、《医院管理评价指南（2008 年版）》（2008 年 5 月）、《中国护理事业发展规划纲要（2011－2015 年）》（2011 年 12 月）等规范规章，为逐步建立和完善我国医院工作、管理评价指标体系，全面提高我国医疗质量和医院管理水平提供了直接法律依据。

一、医院及工作特点

（一）医院的概念、类型

1. 概念　医院是以防治疾病为主要任务、以向公众提供医疗护理服务为主要目的的医疗机构，其服务对象既包括患病受伤需要救治的人，也包括身体健康需要特定服务的人。

2. 类型　根据《医疗机构管理条例》及《实施细则》的规定，医院主要包括各级各类的综合医院、专科医院、教学医院、门诊、诊所等。

（二）医院的基本条件

1. 医院应有基本的从事诊疗活动的职能部门和设备设施，如门诊部、住院部、手术室、急诊室，以及药剂、检验、放射、消毒供应等部门和相应的医疗设施设备。

2. 医院应有为服务对象提供一定的诊疗、护理质量的技术保障能力和满足就医需求的便捷服务能力。

3. 医院应有系统化合理化的人员配置，相应的劳动纪律和规章制度，以及较好的环境文化建设。

一定数量的人员编制是构建医院、有效地运行医院功能、加强对医院管理的制度保障。医院人员编制的设置要坚持按需设岗、精简高效的原则，充分考虑社会医疗卫生服务需求、医院自身发展需要及医院现有人才结构等因素。医院要按照国家发布的组织编制原则，采用单位用工标准或服务比例标准配备各级各类人员。

（三）医院的工作特点

健康所系，性命相托。医院工作以服务病人为宗旨，以医疗措施为手段，以医护质量为核心，以社会效益为首位，各项工作都是围绕病人的健康、利益以至生死而展开，因此医院工作有着显著的特点和要求。

1. 医院工作的科学性、技术性要求特别高　系关病人的安危,医院有严格的专业分工和技术操作规范,要求有明确的岗位责任和整体协作精神。

2. 医院工作既有较强的时间性又有较大的随机性　对诊断、治疗和抢救要求及时和连续不间断,对突发事件要有相应的应急准备和应对能力。

3. 医院工作的社会性强、覆盖面广　医疗卫生服务面向全社会,要满足全社会对疾病和健康的预防、治疗、康复和保健的需求,涉及范围广,社会期望值高,因此医院要协调好与社会各方面的关系,处理好经济效益和社会效益的矛盾,既要为全社会提供高质量的医疗服务,又要争取社会各方面的认可和支持。

二、医院的基础管理和分级管理

(一)医院基础管理

1. 依法执业　管理医院要严格执行医疗卫生管理法律、法规、规章、诊疗护理规范,严格按照卫生行政部门核定的诊疗科目执业,专业技术人员要具备相应岗位的任职资格,不使用非卫生技术人员从事诊疗活动,不超范围执业。

2. 组织机构　管理医院要合理设置管理组织机构,实行院长负责制,建立院、科两级管理责任制,建立科学决策机制,制定完整的规章制度和岗位职责。

3. 人力资源　管理医院要制定适宜的人力资源配置方案,落实岗位职务聘任制。建立卫生专业技术人员准入、考核、评价体系和岗前培训、继续教育和梯队建设制度。建立激励和奖惩制度,完善医院奖金分配综合目标考核机制,实行按岗位、工作量、服务质量和工作绩效取酬的分配机制。

4. 优质服务　管理医院要加强医德医风建设,建立并落实医患沟通制度,尊重和维护患者的各项就医权利,公开患者投诉渠道和流程。美化服务环境,规范服务行为,优化服务流程,保障服务质量。

(二)医院分级管理

1989 年我国医院实行标准化管理实施医院分级管理。依据医院的功能、任务、设施条件、技术水平、医疗服务质量和科学管理的综合水平将医院分为三级,每级医院分甲、乙、丙三等,三级医院增设特等。医院分级管理的实质是按照现代医院管理的原理,遵照医疗卫生服务工作的科学规律与特点所实行的医院标准化管理和目标管理。

1. 一级医院　是直接向具有一定人口的社区提供医疗、康复、预防、保健服务的基层医疗卫生机构,包括农村乡镇卫生院、城镇街道医院、地市级的区医院等,是我国三级医疗网的底部。

2. 二级医院　是向多个社区提供全面连续的医疗护理、预防保健、康复服务的卫生机构,并能与医疗相结合承担教学科研工作及指导基层卫生工作,包括一般市、县医院和省辖市的区级医院。

3. 三级医院　是高层次高水平的医疗卫生服务机构,是省、自治区、直辖市或全国的医疗、预防、教学科研相结合的技术中心,直接提供全面连续的医疗护理、预防保健、康复服务和高水平的专科服务,能指导一、二级医院业务技术和相互合作,包括城市大医院和医学院校的附属医院,是三级医疗网的顶部。

重点提示

医院分级管理是依据医院功能、设施、技术力量等对医院进行的资质评定,不分医院背景、所有制性质,全国统一,共分三级十等。

三、医院的医护质量管理

(一)医疗质量管理

1. 医疗组织管理　建立院、科两级医疗质量管理组织,建立医疗质量管理委员会,院长为医疗质量管理第一责任人,建立医疗质量管理协调机制,实施全面医疗质量管理。

2. 医疗安全管理　强化"基础理论、基本知识、基本技能"培训,严格执行诊疗技术操作规范,遵循诊疗常规。

3. 医疗制度管理　认真执行医疗质量和医疗安全的核心制度,包括首诊负责制度、三级医师查房制度、疑难病例讨论制度、会诊制度、危重患者抢救制度、手术分级制度、术前讨论制度、死亡病例讨论制度、分级护理制度、查对制度、病历书写基本规范与管理制度、交接班制度、临床用血审核制度等。建立医疗不良事件报告制度,建立医疗风险防范、控制和追溯机制。

4. 医疗技术管理　医疗技术服务要与医院的功能和任务相适应,符合诊疗科目范围,符合医学伦理原则,技术应用要保障安全、有效,不用未经批准或已经废止和淘汰的技术。建立健全医疗技术人员资质准入、分级管理、监督评价和档案管理制度。建立医疗技术风险预警机制,及时发现医疗技术风险,采取相应措施,降低风险。

(二)护理质量管理

1. 护理管理组织　县和县以上医院及300张床位以上医院都要设护理部,实行在分管医疗护理工作或专职护理副院长领导下的护理部主任、科护士长、护士长三级负责制;300张床位以下医院实行总护士长、护士长二级负责制。护士长是医院病房和相应科室护理工作的管理者,病房护理管理实行护士长负责制。

2. 护理队伍建设　建设素质优良、结构合理的护士队伍,建立护士的专科护理岗位培训制度和护理管理岗位培训制度,提高护士队伍专业化水平和护理管理科学化水平。

(1)提高护士队伍总量,逐步解决医护比例倒置问题。《中国护理事业发展规划纲要(2011-2015年)》要求到2015年,全国注册护士总数达到286万,每千人口注册护士数为2.07,全国执业(助理)医师与注册护士比达到1:1~1:1.2。

(2)医院应当根据功能任务、服务量和服务效率等要素,科学配置护士,保障临床护理质量。增加医院护士配备,使医院护士数量与临床工作量相适应。《中国护理事业发展规划纲要(2011-2015年)》要求到2015年,全国100%的三级医院、二级医院的护士配置应当达到国家规定的护士配备标准。

重点提示

三级综合医院全院护士总数与实际开放床位比不低于0.8:1,病区护士总数与实际开放床位比不低于0.6:1。

(3)充实基层护理力量,增加城市社区卫生服务机构和农村乡镇卫生院的护理力量,保障基层护士待遇。《中国护理事业发展规划纲要(2011-2015年)》要求到2015年,在基层从事工作的护士达到30万人,其中,社区卫生服务机构的医护比达到1∶1~1∶1.5。

(4)优化护士队伍结构,进一步增加大专层次护士比例,缩减中专层次护士比例。《中国护理事业发展规划纲要(2011-2015年)》要求到2015年,全国护士队伍中,大专以上学历护士应当不低于60%;三级医院中,大专以上学历护士应当不低于80%,二级医院中,大专以上学历护士应当不低于50%。

临床医护质量是医院发展的生命线,医院在加强医护质量管理的同时,还要建立科学的医护绩效考核机制,收入分配、职称晋升、奖励评优等要多向临床一线医护人员倾斜,努力创造良好的职业发展条件和人际和谐环境,促进医护工作发展。

第三节　急救医疗机构管理法律制度

急救工作是医疗卫生工作的一个重要组成部分,由急救医疗机构承担,包括现场急救、途中护送、医院急诊救治。

一、急救医疗机构及设置

(一)急救医疗机构的概念

医疗急救机构是指在各级卫生行政部门统一领导下实施急诊抢救工作的医疗组织,包括各级急救站(中心)和医院的急诊科(室)。

(二)急救医疗机构的设置和任务

1. 急救医疗机构的设置

(1)城市医疗急救网:根据卫生部发布的《关于加强城市急救工作的意见》,城市应逐步建立健全急救站、医院急诊室(科)并与街道卫生院、群众性基层卫生组织(如红十字卫生站、防治站等)相结合,组成医疗急救网。

(2)农村医疗急救网:农村急救医疗工作,主要由县(市)医院的急诊科、乡镇卫生院急救室和村卫生室(所)为主体的急救医疗网络负责。县(市)医院的急诊科(室)应成为全县(市)急救医疗的基地和技术指导中心。

2. 急救医疗机构的任务

(1)急救站的任务:负责日常急救、抢救工作,以医疗急救为中心,对各科急危重患者及意外灾害事故患者进行现场和护送途中的抢救治疗,同时承担在基层卫生组织和群众中宣传普及急救知识和科研教学任务。

(2)医院急诊室的任务:接受急救站和患者来诊的急危重患者的抢救、诊治和留观工作。有的城市由医院承担急救任务的急诊室,则要同时承担急救站的任务。

二、院前医疗急救管理与法律责任

院前急救也称现场急救,与院内急救、重症监护密切相关,是决定危重病人抢救能否取得成功的关键,在急救医疗体系中占据最为重要的地位,是急救医疗体系建立和发展的主要动力,是现代社会急救医疗体系的重要标志,也是社会保障体系的重要组成部分,属于基本公共卫生服务。为加强院前医疗急救管理,规范院前医疗急救行为,提高院前医疗急救服务水平,促进院前医疗急救事业发展,保护医患双方的合法权益,根据《执业医师法》、《医疗机构管理条例》《护士条例》等法律法规,国家卫生和计划生育委员会制定了《院前医疗急救管理办法》,自 2014 年 2 月 1 日起施行。

(一)院前医疗急救的含义、性质、特点和原则

1. 含义　院前医疗急救是指由急救中心(站)和承担院前医疗急救任务的网络医院(简称急救网络医院)按照统一指挥调度,在患者送达医疗机构救治前,在医疗机构外开展的以现场抢救、转运途中紧急救治及监护为主的医疗活动。

2. 性质　院前医疗急救是政府主办的公益性事业,鼓励、支持社会力量参与。卫生计生行政部门按照"统筹规划、整合资源、合理配置、提高效能"的原则,统一组织、管理、实施。

3. 院前医疗急救工作特点　院前医疗急救工作社会性、随机性、流动性大;病种复杂,病情危及,时间紧急,以救命为主;医疗急救环境差,体力强度大。

4. 院前医疗急救应遵循的原则　先救命再治伤(治病),先重后轻,先排险后施救,先救活人后处置尸体,以抢救为主,维持伤病员基本生命体征。在伤病情允许前提下,必须在医护监护下迅速送到医院救治,途中密切观察伤病情况及生命体征变化,认真做好现场记录及转送记录,并妥善保管。

(二)院前医疗急救的执业管理

1. 急救中心(站)和急救网络医院开展院前医疗急救工作应当遵守医疗卫生管理法律、法规、规章和技术操作规范、诊疗指南。

2. 急救中心(站)应当制定院前医疗急救工作规章制度及人员岗位职责,保证院前医疗急救工作的医疗质量、医疗安全、规范服务和迅速处置。

3. 全国院前医疗急救呼叫号码为"120"。急救中心(站)、急救网络医院救护车及院前医疗急救人员的着装应当统一标识,统一标注急救中心(站)名称和院前医疗急救呼叫号码。

4. 从事院前医疗急救的专业人员包括医师、护士和医疗救护员。医师和护士应当按照有关法律法规规定取得相应执业资格证书。医疗救护员应当按照国家有关规定经培训考试合格取得国家职业资格证书;上岗前,应当经设区的市级急救中心培训考核合格。在专业技术职务评审、考核、聘任等方面应当对从事院前医疗急救的专业人员给予倾斜。

重点提示

从事院前医疗急救工作的主要是医护人员,医疗救护员是院前医疗急救人员的重要补充。院前医疗急救任务重、风险高、收入低、国家投入不足,院前医疗急救人员紧缺而急需,医疗救护员经过资格认定可以运用救护知识和技能,对各种急症、意外事故、创伤和突发公共卫生事件进行现场初步紧急救护。

5. 急救中心(站)应当配备专人 24 小时受理"120"院前医疗急救呼叫。"120"院前医疗急救呼叫受理人员应当经设区的市级急救中心培训合格。

6. 急救中心(站)应当在接到"120"院前医疗急救呼叫后,根据院前医疗急救需要迅速派出或者从急救网络医院派出救护车和院前医疗急救专业人员。不得因指挥调度原因拒绝、推诿或者延误院前医疗急救服务。

7. 急救中心(站)和急救网络医院应当按照就近、就急、满足专业需要、兼顾患者意愿的原则,将患者转运至医疗机构救治。

8. 急救中心(站)和急救网络医院应当做好“120”院前医疗急救呼叫受理、指挥调度等记录及保管工作,并按照医疗机构病历管理相关规定,做好现场抢救、监护运送、途中救治和医院接收等记录及保管工作。

9. 急救中心(站)和急救网络医院按照国家有关规定收取院前医疗急救服务费用,不得因费用问题拒绝或者延误院前医疗急救服务。

10. 急救中心(站)和急救网络医院不得将救护车用于非院前医疗急救服务。除急救中心(站)和急救网络医院外,任何单位和个人不得使用救护车开展院前医疗急救工作。

(三)院前医疗急救的法律责任

1. *使用非卫生专业技术人员的法律责任*　急救中心(站)和急救网络医院使用非卫生专业技术人员从事院前医疗急救服务的,由县级以上地方卫生计生行政部门按照《执业医师法》《医疗机构管理条例》和《护士条例》等有关法律法规的规定予以处理。

2. *违反法规规定的法律责任*　医疗机构有下列情形之一的,由县级以上地方卫生计生行政部门责令改正、通报批评、给予警告;对直接负责的主管人员和其他直接责任人员,根据情节轻重,依法给予警告、记过、降低岗位等级、撤职、开除等处分。

(1)未经批准擅自使用“120”院前医疗急救呼叫号码或者其他带有院前医疗急救呼叫性质号码的。

(2)未经批准擅自使用救护车开展院前医疗急救服务的。

(3)急救中心(站)因指挥调度或者费用等因素拒绝、推诿或者延误院前医疗急救服务的。

(4)违反《院前医疗急救管理办法》其他规定的。

讨论与思考

1. 王某深夜醉酒倒在路边,不省人事,被好心人送到医院。医院经过急诊抢救、留院治疗使王某转危为安,谁知王某康复后却不辞而别,医院索要医疗费未果。各级各类医院几乎都会遇到类似的情况。那么,面对急需救治的昏迷患者、无主患者或贫穷患者,医疗机构是否应该承担救死扶伤的责任?医疗机构执业的管理规定和救治要求是什么?

2. 张某在单位上班时突然昏迷,同事立即拨打120急救电话。急救中心接到急救电话后立即通知了就近的医院。但是该医院负责接诊的救护车突然发生故障,50分钟后才赶到现场,发现张某已经死亡。张某亲属认为医院救护车延迟到达,导致张某不能及时得到抢救而死亡,于是将急救中心与接诊医院都告上了法院,要求赔偿。结合本案谈谈相关的法规规定并分析急救中心和接诊医院的行为是否存在过错?该怎样承担责任?

(李云芝)

第 7 章

执业护士管理法律制度

学习要点

1. 护士的概念
2. 护士执业的资格认定
3. 护士的执业权利和义务
4. 护士的法律责任
5. 护士执业违法责任

案例分析

2009 年某日早晨，某患儿来到所在市儿童医院就诊，急诊医生初步诊断为："右眼眼眶蜂窝织炎，收治入院治疗"。晚 7 时，患儿病情开始恶化，家长去值班室找医生未果，后于 4 日凌晨 1 点半、3 点分别找该医生，均不予理睬，后找护理站值班护士，也未去叫医生。凌晨 5 点，患儿呼吸渐弱，另一科值班医生电话通知急救医生，后孩子死亡。

经调查得知：当夜值班医生值班期间曾在 QQ 游戏上下过两盘围棋，虽患儿家属多次到护士站和医生值班室请求医生观察病情，但值班医生只很不情愿地来到病房，草草进行了简单的处理，并没有遏制病情的发展。该患儿当天的护理等级是一级护理，按规定对这种患者护士每隔 15~30 分钟就要巡视 1 次，既要了解病情和治疗情况，又要帮助饮食起居。而且调查还发现，中班护士存在输液不及时的问题，白班和夜班护士则巡视不到位，没有按照一级护理要求巡查。

请分析

1. 市儿童医院的护士对患儿的救治行为是否存在过错？对其死亡是否应当承担责任？
2. 在本案中护士是否要承担法律责任？护士执业规则有哪些？

俗话说疾病"三分治疗，七分护理"，护理工作作为医疗卫生事业的重要组成部分，与人民群众的健康利益和生命安全密切相关。随着社会的进步，我国的护理立法不断完善，护理质量不断提高,护理工作可持续发展,逐步与国际接轨。

第一节　执业护士管理法律制度概述

一、护士的概念

护士是指经执业注册取得护士执业证书,依照规定从事护理活动,履行保护生命、减轻痛苦、增进健康职责的卫生技术人员。成为护士要符合以下条件:①经过专业的护理教育和培训;②通过国家护士资格考试;③在政府卫生主管部门进行注册;④掌握护理、病房管理的知识和技术,具有一定卫生预防工作能力,并履行护士职责。这里护士的概念是对一门职业的从业人员的统称,不同于护理职称序列中的“护士”。

重点提示

根据《护士条例》规定,护士应包含三方面特征:资格特征、工作特征和身份特征。

二、护士管理法律制度建设

护士的劳动受全社会的尊重,护士的执业权利受法律保护。新中国成立以来,护士管理法律制度建设不断加强。卫生部发布的《医院工作制度》《医院工作人员职责》和《医务人员医德规范及其实施办法》中都规定了有关护理人员的相关规范。

为了进一步维护护士的合法权益,规范护理行为,促进护理事业的发展,保障医疗安全和人体健康,在卫生部颁布的《护士管理办法》的基础上,2008 年 1 月 23 日国务院第 206 次常务会议通过并颁布了《护士条例》,自 2008 年 5 月 12 日起施行。

第二节　护士执业资格认定与权利义务

一、护士执业的资格认定

护士执业资格是护理专业从业人员必须具备基本理论和护理实践能力水平的标志,我国实行护士执业资格考试制度。

(一)护士执业资格考试制度

1. 护士执业资格考试的条件　凡在中等职业学校、高等学校完成国务院教育主管部门和国务院卫生主管部门规定的普通全日制 3 年以上的护理、助产专业课程学习,在教学、综合医院完成 8 个月以上护理临床实习,并取得相应学历证书的,可以申请参加护士执业资格考试。

重点提示

护士执业资格考试的条件包括专业要求和学历要求两个方面。

2. 护士执业资格考试的内容　考试采用标准化考试模式,分中、西医两个专业。护士执业资格考试包括专业实务和实践能力,考试内容涉及基础护理学、内科护理学、外科护理学、妇产科护理学、儿科护理学等科目。

3. *护士执业资格考试证书获得*　具有护理、助产专业中专和大专学历的人员,参加护士执业资格考试且成绩合格,可取得护理初级(士)专业技术资格证书;具有护理、助产专业本科以上学历者,参加护士执业资格考试且成绩合格,并达到《卫生技术人员职务试行条例》规定的护师专业技术职务任职资格年限的,可直接聘任护师专业技术职务。

(二)护士执业注册制度

1. *注册条件*　我国实行护士执业注册许可制度,护士注册应具备下列条件。

(1)具有完全民事行为能力。

(2)在中等职业学校、高等院校完成国务院教育主管部门和卫生主管部门规定的普通全日制 3 年以上的护理、助产专业课程学习,包括在教学、综合医院完成 8 个月以上护理临床实习,并取得相应学历证书。

(3)通过国务院卫生主管部门组织的护士执业资格考试。

(4)符合国务院卫生主管部门规定的健康标准。

2. *申请注册*　申请护士执业注册的,应当向拟执业地省、自治区、直辖市人民政府卫生主管部门提出申请。收到申请的卫生主管部门应当自收到申请之日起 20 个工作日内做出决定,对具备护士条例规定条件的,准予注册,并发给护士执业证书;对不具备护士条例规定条件的,不予注册,并书面说明理由。护士执业注册有效期为 5 年。

3. *变更注册*　护士在其执业注册有效期内变更执业地点的,应当向拟执业地省、自治区、直辖市人民政府卫生主管部门报告。收到报告的卫生主管部门应当自收到报告之日起 7 个工作日内为其办理变更手续。护士跨省、自治区、直辖市变更执业地点的,收到报告的卫生主管部门还应当向其原执业地省、自治区、直辖市人民政府卫生主管部门通报。

4. *延续注册*　护士执业注册有效期届满需要继续执业的,应当在护士执业注册有效期届满前 30 日向执业地省、自治区、直辖市人民政府卫生主管部门申请延续注册。收到申请的卫生主管部门对具备护士条例规定条件的,准予延续,延续执业注册有效期为 5 年;对不具备护士条例规定条件的,不予延续,并书面说明理由。

5. *注销注册*　护士执业注册后有下列情形之一的,原注册部门办理注销执业注册。

(1)注册有效期届满未延续注册。

(2)受吊销《护士执业证书》处罚。

(3)护士死亡或者丧失民事行为能力。

二、护士执业的权利义务

(一)护士执业的权利

护士的权利是指护士在执业活动中依法享有的权利和应获得的利益。

1. *劳动报酬权*　护士有按照国家有关规定获取工资报酬、享受福利待遇、参加社会保险的权利。任何单位或者个人不得克扣护士工资,降低或者取消护士福利等待遇。这是执业护士最基本的权利。

2. *职业保护权*　护士有获得与其所从事的护理工作相适应的卫生防护、医疗保健服务的权利。从事直接接触有毒有害物质、有感染传染病危险工作的护士,有依照有关法律、行政法规的规定接受职业健康监护的权利；患职业病的，有依照有关法律、行政法规的规定获得赔偿的权利。

3. *学术研究交流培训权* 护士有按照国家有关规定获得与其业务能力和学术水平相应的专业技术职务、职称的权利；有参加专业培训、从事学术研究和交流、参加行业协会和专业学术团体的权利。

4. *对疾病诊疗护理的知情权* 护士有获得疾病诊疗、护理相关信息的权利和其他与履行护理职责相关的权利，可以对医疗卫生机构和卫生主管部门的工作提出意见和建议。

5. *获得表彰和奖励的权利* 国务院有关部门对在护理工作中做出杰出贡献的护士，应当授予全国卫生系统先进工作者荣誉称号或颁发白求恩奖章，受到表彰、奖励的护士享受省部级劳动模范、先进工作者待遇；对长期从事护理工作的护士应当颁发荣誉证书。

（二）护士执业的义务

护士的义务是指护士在执业过程中必须履行的责任。

1. *遵守法律法规规章和诊疗技术规范* 这是护士执业的根本准则，是护士执业的基本要求。

2. *紧急救护* 护士在执业活动中，发现患者病情危急，应当立即通知医师；在紧急情况下为抢救垂危患者生命，应当先行实施必要的紧急救护。

3. *审查医嘱* 护士发现医嘱违反法律、法规、规章或者诊疗技术规范规定的，应当及时向开具医嘱的医师提出；必要时，应当向该医师所在科室的负责人或者医疗卫生机构负责医疗服务管理的人员报告。

4. *尊重保护患者* 护士应当尊重、关心、爱护患者，保护患者的隐私。

5. *参与公共卫生和疾病预防控制工作* 发生自然灾害、公共卫生事件等严重威胁公众生命健康的突发事件，护士应当服从县级以上人民政府卫生主管部门或者所在医疗卫生机构的安排，参加医疗救护。

此外，为了加强对护士执业行为的监督管理，促进护理行为的规范，《护士条例》要求县级以上地方人民政府卫生主管部门建立本行政区域的护士执业良好记录和不良记录，并将该记录记入护士执业信息系统；护士执业良好记录包括护士受到的表彰、奖励，以及完成政府指令性任务的情况等内容；护士执业不良记录包括护士因违反条例，以及其他法律、法规、规章或者诊疗技术规范的规定受到行政处罚、处分的情况等内容。

三、护士执业规则

护士在执业过程中必须遵守如下规则。

1. 奉行救死扶伤的人道主义精神，履行保护生命、减轻痛苦、增进健康的专业职责。
2. 护士执业必须遵守职业道德和医疗护理规章制度及技术规范。
3. 对患者一视同仁，尊重患者，维护患者的健康权益。
4. 护士在执业中获悉就医者的隐私，不得泄露，但法律另有规定的除外。
5. 遇有自然灾害、传染病流行、突发重大伤亡事故及其他严重威胁人群生命健康的紧急情况，护士必须服从卫生行政部门的调遣，参加医疗救护和预防保健工作。
6. 护理人员只能在护士的指导下从事临床护理工作。
7. 护士在执业中应当正确执行医嘱，观察病人的身心状态，对病人进行科学护理，遇到紧急情况及时通知医生并配合抢救，医生不在场时，护士应当采取力所能及的急救措施。

8. 护士有承担预防保健工作、宣传防病治病知识、进行康复指导、开展健康教育、提供卫生咨询的义务。

9. 加强学习，提高执业能力，适应医学科学和护理专业的发展。

10. 与其他医务工作者建立良好的关系，密切配合、团结合作。

四、护士执业的法律责任

(一) 护士的法律责任

1. 行政责任　护士在执业活动中有下列情形之一的，由县级以上地方人民政府卫生主管部门依据职责分工责令改正，给予警告；情节严重的，暂停其 6 个月以上 1 年以下执业活动，直至由原发证部门吊销其护士执业证书。

(1) 发现患者病情危急未立即通知医师的。

(2) 发现医嘱违反法律、法规、规章或诊疗技术规范，未按规定提出或报告的。

(3) 泄露患者隐私的。

(4) 发生自然灾害、公共卫生事件等严重威胁公众生命健康的突发事件，不服从安排参加医疗救护的。

护士被吊销执业证书的，自执业证书被吊销之日起 2 年内不得申请执业注册。

2. 民事责任　护士在执业活动中给患者造成伤害的或构成医疗事故的，依照侵权责任法、医疗事故处理条例的有关规定承担民事赔偿责任。

3. 刑事责任　医务人员由于严重不负责任，造成就诊人死亡或者严重损害就诊人身体健康的构成医疗事故罪。刑事责任的责任主体包括在医疗机构从事对病人救治、护理工作的医生和护士。

(二) 护士执业过程中医疗机构的管理职责和法律责任

1. 医疗机构的管理责任

(1) 按照卫生部门的要求配备护士：护士条例规定，医疗卫生机构配备护士的数量不得低于卫生部规定的护士配备标准。条例施行前，尚未达到护士配备标准的医疗卫生机构，应当按照卫生部规定的实施步骤，自条例施行之日起 3 年内达到护士配备标准。

重点提示

根据国家卫计委 2014 年 5 月通报，截至 2013 年全国注册护士达到 278.3 万，三级医院医护比达到 1:1.52，二级医院医护比达到 1:1.33，护士占比超过医生。

(2) 保障护士的合法权益：为护士提供卫生防护用品，并采取有效的卫生防护措施和医疗保健措施；执行国家有关工资、福利待遇等规定，按照国家有关规定为在本机构从事护理工作的护士足额缴纳社会保险费用；对在艰苦边远地区工作，或者从事直接接触有毒有害物质、有感染传染病危险工作的护士，所在医疗卫生机构应当按照国家有关规定给予津贴；制定、实施本机构护士在职培训计划，并保证护士接受培训；根据临床专科护理发展和专科护理岗位的需要，开展对护士的专科护理培训。

(3) 加强护士的培训和管理：医疗卫生机构应当制定、实施本机构护士在职培训计划，并保证护士接受培训。护士的培训应当注重新知识、新技术的应用;根据临床护理技术发展和护理岗位的需要,开展对护士的培训。

医疗卫生机构不得允许下列人员在本机构从事诊疗技术规范规定的护理活动:未取得护士执业证书的人员;未办理执业地点变更手续的护士;护士执业注册有效期届满未延续执业注册的护士。

医疗卫生机构应当设置专门机构或者配备专(兼)职人员负责护理管理工作,应当建立护士岗位责任制并进行监督检查。护士因不履行职责或者违反职业道德受到投诉的,其所在医疗卫生机构应当进行检查。

2. *医疗机构的法律责任* 医疗卫生机构有下列情形之一的,由县级以上地方人民政府卫生主管部门依据职责分工责令限期改正,给予警告;逾期不改正的,根据国务院卫生主管部门规定的护士配备标准和在医疗卫生机构合法执业的护士数量核减其诊疗科目,或者暂停其6个月以上1年以下执业活动;国家举办的医疗卫生机构有下列情形之一、情节严重的,还应当对负有责任的主管人员和其他直接责任人员依法给予处分:①违反护士条例规定,护士的配备数量低于国务院卫生主管部门规定的护士配备标准的;②允许未取得护士执业证书的人员或者允许未依照护士条例规定办理执业地点变更手续、延续执业注册有效期的护士在本机构从事诊疗技术规范规定的护理活动的。

医疗卫生机构有下列情形之一的,依照有关法律、行政法规的规定给予处罚;国家举办的医疗卫生机构有下列情形之一、情节严重的,还应当对负有责任的主管人员和其他直接责任人员依法给予处分:①未执行国家有关工资、福利待遇等规定的;②对在本机构从事护理工作的护士,未按照国家有关规定足额缴纳社会保险费用的;③未为护士提供卫生防护用品,或者未采取有效的卫生防护措施、医疗保健措施的;④对在艰苦边远地区工作,或者从事直接接触有毒有害物质、有感染传染病危险工作的护士,未按照国家有关规定给予津贴的。

医疗卫生机构有下列情形之一的,由县级以上地方人民政府卫生主管部门依据职责分工责令限期改正,给予警告:①未制定、实施本机构护士在职培训计划或者未保证护士接受培训的;②未依照护士条例规定履行护士管理职责的。

3. *相关人员的法律责任* 扰乱医疗秩序,阻碍护士依法开展执业活动,侮辱、威胁、殴打护士,或者有其他侵犯护士合法权益行为的,由公安机关依照治安管理处罚法的规定给予处罚;构成犯罪的,依法追究刑事责任。

第三节 护理质量缺陷与风险防控

一、护理质量缺陷及其表现

(一)护理质量缺陷的含义

护理质量缺陷是指在护理工作中出现技术、服务、管理等方面的失误,从而导致患者对护理工作不满意的现象与结果发生或给患者造成损害的现象。

(二)护理质量缺陷的表现

1. *护理纠纷* 患者或其家属对护理过程、内容、结果、收费、服务态度等不满而发生的争执,或对同一护理事件护患双方对其原因及结果、处理方式或轻重程度产生分歧发生争议,称为护理纠纷。

2. 护理差错 凡在护理工作中,由于护理人员的过失,不负责任,不遵守规章制度,不按照规章制度办事或因技术水平低而发生差错,对患者产生直接或间接影响,但未造成严重不良后果的护理活动,称为护理差错。

依照差错发生的原因可分责任差错和技术差错,责任差错是由于护士工作的责任心不强而造成,技术差错是由于设备条件或技术水平所限而造成的;依照差错程度分为一般护理差错和严重护理差错,一般护理差错指造成服务对象轻度身心痛苦但无不良后果的,严重护理差错是指造成身心痛苦、影响诊疗,但未造成严重后果的。

3. 护理事故 护理事故是指在护理工作中由于护理人员的过失,直接导致造成患者死亡、残废、组织器官损伤导致功能障碍等后果的严重质量缺陷,分为护理责任事故和护理技术事故。护理责任事故是由于玩忽职守、敷衍塞责,违反规章制度及护理常规造成的,护理技术事故是由于技术过失造成。

护理事故分为四级:一级事故,造成患者死亡、重度残疾的;二级事故,造成患者中度残疾、器官组织损伤导致严重功能障碍的;三级事故,造成患者轻度残疾、器官组织损伤导致一般功能障碍的;四级事故,造成患者明显人身损害的其他后果的。

重点提示

护理事故的构成要件:护理人员的过失,直接导致患者死亡、残废、组织器官损伤导致功能障碍等后果的严重质量缺陷,且护理人员的过失与患者损害之间存在因果关系。

(三)护理质量缺陷的处置

1. 保护病人 密切观察病情,立即通知医生,及时纠正错误,尽可能地将错误的危害降到最小。

2. 报告事件 24小时内及时逐级上报。护理事故和严重差错应立即报告。夜间通知夜班护士长和总值班。发生差错、事故单位或个人,有意隐瞒,不按规定报告,事后经领导或他人发现,按情节轻重给予严肃处理。上报程序:病房护士→病房护士长→护理部→院领导。

3. 封存物品 各种有关记录,疑似输血、输液、注射、药物等引起不良后果,医患双方应当场对现场实物封存。如需送检,双方当事人至少两人在场。

4. 填写文书 科室应及时据实认真填写"护理差错登记表"或"护理不良事件报告表",由本人登记发生不良事件的经过、分析原因和后果及本人对不良事件的认识建议。

5. 原因分析

(1)科室护士长应负责组织对缺陷、事件发生的过程及时进行调查,组织科内讨论,分析整个管理制度、工作流程及层级管理方面的问题,确定事件的真实原因并提出改进意见或方案。

(2)护理部及护理安全委员会对护理缺陷进行调查核实和处理,并上报上级卫生管理部门,不隐报、瞒报。做好对护理差错的根源分析,正确评价护理差错的发生情况,汲取经验教训,制定防范措施,积极改进。

6. 行政处理及赔偿

(1)发生护理事故争议时,护士长应及时组织人员参与协调处理,协调失败,出现赔偿时,除保险公司认可赔付的金额外，由医院组织科室和责任人协商解决。

(2)因责任或技术过失直接造成患者不良后果的，科室和个人承担医院损失金额的30%～50%，情节特别严重的医疗事件和二级以上的医疗事故，还应给予当事人行政处分，并依法追究刑事责任。

(3)凡经鉴定确属于并发症，不可避免的损伤、意外事件，或护士在操作中严格执行操作规程，无过失行为，科室及当事人不受处罚。

(四)护理意外

1. 护理意外的含义　护理意外是指护理人员能够证明自己已按照护理常规的要求尽到了护理责任，病人损害因不可预测、不可抗力、处于意志以外的情况所发生的事件。

重点提示

护理意外与护理事故的区别关键在于导致患者损害后果的原因是否在于护理人员的过失，由此也决定了护士所承担的责任不同。

2. 护理意外的表现

(1)患者因翻身、起床或睡眠中的不明原因不慎坠床。

(2)患者不遵守医院管理制度离床。

(3)药物注射如需皮试的药物，患者在皮试过程中过敏死亡。

(4)住院患者自杀或病情突然恶化而出现意外。

(5)精神患者在疾病恢复期，无法控制和预料的自伤、自残。

(6)小儿患者在正常的活动中，发生护理人员无法预料的摔伤或玩耍不慎受伤。

二、护理质量缺陷的原因分析及防控措施

(一)护理质量缺陷的原因分析

1. 社会方面的原因

(1)护士的配备数量不足：我国的医护比例远低于世界平均水平，医疗卫生机构还存在重医疗、轻护理的倾向，护士数量存在不足。护士缺编再加上工作定位不准，在日常操作中疲于奔命，缺乏与患者的有效沟通。

(2)护士的整体素质不高：我国大多数医院护士的主力军为中专毕业生，具有高等学历的护士只占少部分。护理教育存在缺陷，护士的培训和继续教育得不到重视，还存在责任心不强，服务意识不强，影响了护理质量，甚至引发医疗事故。

(3)护士工作管理制度不健全：护士不能充分享受参加继续教育、职称晋升的权利，护士的劳动权益得不到保障，考核机制不科学，不利于护理事业的发展。

(4)护士管理工作的能力有待提高：护理管理工作还存在观念陈旧，方法简单，为护士营造思考和创新的空间不多等，挫伤了护士渴望成为护理人才的积极性。

2. 护理人员方面的原因

(1)法律观念淡薄：各级医疗机构和护理人员忽视法律知识学习，法制观念淡薄，缺乏法律意识及自我保护意识，对患者的权利认识不够全面、深刻，对护理质量的法律风险缺乏足够认识。

(2)责任意识差:护士缺乏责任心、护理工作不到位,对患者的问题和困难处理不完善;对患者病情及有关治疗情况等未履行告知义务;对特殊的护理操作不注意保护隐私等。

(3)护患沟通不佳,宣传不到位:不同患者对护理要求不同,医院提供的服务很难满足所有患者及家属的要求。护士缺乏与患者有效沟通,常会引起误会导致护理纠纷。

(4)违反护理操作规程:护理工作中不能严格执行或违背各项规章制度和技术操作规程导致护理纠纷发生。

(5)专业知识不扎实,技术不精湛:护士专业知识的缺乏、操作不当或抢救不力,给患者带来技术风险,让患者家属产生不信任感,导致纠纷发生。

(6)工作态度不严谨,疏忽大意与渎职:在护理中不严格执行“查对制度”,疏忽大意,过分自信,漠视护理制度和操作常规。

(7)护理文书书写不规范:①记录不及时、不全面或不准确;②字迹不清或涂改;③署名不实;④患者或家属签字不规范。

(8)行业不正之风:受经济利益的驱使,护理行业存在收礼与受贿现象。

3. *患者方面的原因*

(1)患方由于缺乏医学专业知识,对医疗行为的高技术性和高风险性认识不足,对疾病的发生、发展、转归认识不足,不理解护士的护理工作,对医疗服务的要求和期望过高。

(2)患者受传统观念及错误思想的影响,不重视疾病的护理,对护士的信任度和依从远低于医生。

(二)护理质量缺陷的防控措施

护理质量缺陷的防控关键在预防,预防为主的思想是整个护理质量管理的核心。

1. *规范和发展护理教育*　我国的护理教育仍难满足社会经济和医学科学发展的要求,规范和发展护理教育迫在眉睫。抓好护理教育需要做到:一是提高护理教学质量;二是调整和优化护理教育的层次结构;三是规范护士继续教育;四是强化专科护理岗位和护理管理岗位护士的规范化培训。

2. *加强医德和法规教育*　护士不仅要有扎实的专业知识,还要认真学法、守法、用法,更应具备良好的职业道德,良好的法律素质和医德医风关系到医疗护理行为的落实,还可以有效减少护理风险的发生。

3. *健全护理规章制度*　护理质量控制直接影响着整个医疗质量,建立健全并严格落实各项规章制度和技术操作规程,护理人员要严格执行各项规章制度和技术操作规程,做到有章可循,违章必究。

4. *提高专业技术水平*　扎实的理论知识和娴熟的操作技能是提高护理质量的基础。护士不仅要接受专业正规的学习和训练,还要在实践中勤奋学习,不断提高和更新专业知识,提高护理水平,以适应护理工作发展的需要。

5. *规范护理文书的书写*　护理记录应遵循客观、准确、及时、完整等原则,内容应以护理观察和具体的护理活动为重点,重视护理记录的书写,特别是重大事故处理和急危重患者抢救,来不及写护理记录,应在抢救结束后 6 小时内据实补记,并加以注明。

6. *提高风险意识,加强风险控制*　风险控制是通过各种技术、经济手段将护理风险减小、分散和转移的行为。护士要正确认识医疗护理风险,积极履行职责,提前告知患者和家属医疗技术的局限性和高风险,采取更安全和有效措施,减少和避免医疗护理风险。

7. 参加职业保险,降低职业风险　参加职业保险是对护士自身利益的一种保护,它虽然不能减轻护士在护理纠纷或事故中的法律责任,但可在一定程度上减小其为该责任所付出的代价。医院也应参加保险,以增强护士职业责任保险的效能。

讨论与思考

1. 结合《护士条例》谈谈如何成为一名合格的护士?
2. 护士受到哪些法律的保护?如何维护护士的合法权益?

(刘　苏)

第 8 章

执业医师管理法律制度

学习要点

1. 执业医师法的概念和调整对象
2. 执业医师和执业助理医师资格考试制度
3. 医师执业注册制度
4. 医师执业的权利和义务
5. 医师的执业规则

案例分析

1999 年,胡××以涉嫌非法行医罪被某市警方正式宣布逮捕。2000 年,该市中级人民法院以“未取得医生执业资格而非法行医,为人治病,在诊断中造成多人死亡,其行为已构成非法行医罪,且犯罪情节特别恶劣,后果特别严重,社会影响极坏”为由,一审以非法行医罪判处胡某有期徒刑 15 年,剥夺政治权利 5 年,并处罚金 15 万元。但令人愤怒的是,2013 年 10 月,胡某刑满出狱后,又重操旧业,并且再次卷入一起“非法行医”命案。22 岁大学生云某因饮用由胡某开出的芒硝类“药物”之后死亡。2014 年 6 月,该市中级人民法院立案受理胡某等四名被告人涉嫌犯非法行医罪一案。

请分析

1. 我国对医师执业有哪些规定?
2. 非法行医致人死亡者,应承担的法律责任有哪些?

第一节　执业医师管理法律制度概述

医生,救死扶伤、防病治病,维系着人民健康,是一个神圣的职业,如何既保障医师依法执业,又能更好地维护人民健康,的确是至关重大的事情。

一、执业医师法概述

(一)执业医师法的概念和法律建设

1. 医师　医师是指依法取得执业医师资格或者执业助理医师资格,经注册在医疗、预防或者保健机构(包括计划生育技术服务机构)中执业的专业医务人员,分为临床、中医(包括民族医、中医和中西医结合)、口腔、公共卫生四类。

重点提示

《执业医师法》中的医师包括执业医师和执业助理医师。

2. 执业医师法　执业医师法是由国家制定的规范医师执业行为,用于调整医师在执业活动中的各种社会关系的法律规范的总称。

3. 医师管理法律制度建设　新中国成立后,卫生部先后颁布了《医师暂行条例》《中医师暂行条例》《卫生技术人员职称及晋升条例(试行)》《医院工作人员职责》《医师、中医师个体开业暂行管理办法》《外国医师来华短期行医管理办法》等法规来规范医师的职业行为。1998年6月26日,第九届全国人大常委会第三次会议通过了《中华人民共和国执业医师法》,自1999年5月1日起施行。为贯彻实施《中华人民共和国执业医师法》,1999年卫生部成立了国家医师资格考试委员会,发布了《医师资格考试暂行办法》《医师执业注册暂行办法》《关于医师执业注册中执业范围的暂行规定》《传统医学师承和确有专长人员医师资格考核考试暂行规定》等配套规章。为加强乡村医生从业管理,国务院颁布了《乡村医生从业管理条例》,自2004年1月1日起施行。

重点提示

《乡村医生从业管理条例》适用于尚未取得执业医师资格或者执业助理医师资格,经注册在村医疗卫生机构从事预防、保健和一般医疗服务的乡村医生。村医疗卫生机构中的执业医师或者执业助理医师,适用《执业医师法》的管理规定。

(二)执业医师法的适用范围

《执业医师法》第二条规定,依法取得执业医师资格或者执业助理医师资格,经注册在医疗、预防、保健机构中执业的专业医务人员,适用本法。即执业医师法的适用范围为执业医师和执业助理医师。

1. 执业医师　执业医师是指具有医师执业证及其级别为“执业医师”,且从事医疗、预防保健工作的人员。执业医师类别为临床、中医、口腔和公共卫生四类。

2. 执业助理医师　执业助理医师指具有医师执业证及其级别为“执业助理医师”,在执业医师指导下从事医疗、预防保健工作的人员。执业助理医师分类同样为临床、中医、口腔和公共卫生四类。

《执业医师法》明确规定执业医师和执业助理医师必须参加国家统一组织的执业医师资格考试和执业助理医师资格考试,成绩合格,申请注册,取得执业医师证或执业助理医师证,方可在经注册的医疗、预防、保健机构中按照注册的地点、执业类别、执业范围执业,从事相应的医疗、预防、保健业务。

二、执业医师的管理

(一)执业医师的行政管理

1. 主管部门　《执业医师法》规定,我国医师执业管理机构是卫生行政部门,其他国家机关不得行使此项管理职权,我国的卫生行政部门包括两类:一是国务院卫生行政部门;二是县级以上地方人民政府卫生行政部门。

2. 管理权限　国务院卫生行政部门主管全国的医师工作,县级以上地方人民政府卫生行政部门负责管理本行政区域内的医师工作。

(二)执业医师的协会管理

1. 中国医师协会　2002 年 1 月 9 日中国医师协会在北京正式成立。中国医师协会是由注册的执业医师、执业助理医师及单位会员自愿组成的全国性、行业性、非营利性群众团体。中国医师协会的成立,标志着医师管理从行政管理为主向行业自律性管理为主的转变。

2. 中国医师协会的作用

(1)对医师进行行会管理:中国医师队伍的管理,将由单一的卫生行政管理模式,逐步过渡到卫生行政管理和行业自律协同管理的模式。

(2)以社团的身份维护医师的合法权益:中国医师协会下设维权委员会,为会员提供法律咨询和帮助,维护医师的合法权益。

(3)提供继续医学教育和培训交流:结合国际国内医疗科技发展的最新趋势和前沿成果,有计划有步骤地开展继续医学教育,组织医学各领域的前沿理论和实际操作技能培训等。

(4)促进医学科研成果转化:中国医师协会下设医学科技促进委员会,指导协会事业发展部开展医学科技咨询、评估、认证、推广及成果转化工作。

重点提示

为了促进体质医疗资源平稳有序流动和科学配置,更好地为人民群众提供医疗卫生服务,2014 年 11 月 5 日,国家卫生计生委等部委印发了《关于推进和规范医师多点执业的若干意见》的通知,提出推进医师合理流动、规范医师多点执业、确保医疗质量安全的意见,允许符合条件的临床、口腔和中医类别医师于有效注册期内在两个或两个以上医疗机构定期从事执业活动,实行医师多点执业区域注册管理制度。

第二节　医师执业资格认定和注册制度

一、医师资格考试制度

(一)医师资格考试的概念和种类

1. 医师资格考试的概念　医师资格是指从事医师职业所应具备的学识、技术和能力的条件和身份,是国家确认的、准予从事医师执业的资格。医师资格考试是评价申请医师资格者是否具备执业医师必需的专业知识与技能的考试,是医师执业的准入考试。

2. 医师资格考试的种类和分级　医师资格考试分为两级四类,即医师和助理医师两级;每级分为临床、中医、口腔、公共卫生四类。考试方式分为实践技能考试和医学综合笔试。考试内容包括基础科目、专业科目和公共科目三大类。

(二)医师资格考试的条件

1. 参加执业医师考试条件　具有下列条件之一的,可以参加执业医师资格考试:

(1)具有高等院校医学专业本科以上学历,在执业医师指导下,在医疗、预防、保健机构中试用期满1年的。

(2)取得执业助理医师执业证书后,具有高等院校医学专科学历,在医疗、预防、保健机构中工作满2年的;具有中等职业学校医学专业学历,在医疗、预防、保健机构中工作满5年的。

重点提示

参加执业医师资格考试条件的要求:学历要求、经验要求、专业要求、工作要求。

2. 执业助理医师考试条件　具有高等院校医学专科学历或者中等职业学校医学专业学历,在执业医师指导下,在医疗、预防、保健机构中试用期满1年的,可以参加执业助理医师资格考试。

3. 其他参加医师资格考试的条件　以师承方式学习传统医学满3年或者经多年实践医术确有专长的,经县级以上人民政府卫生行政部门确定的传统医学专业组织或者医疗、预防、保健机构考核合格并推荐,可以参加执业医师资格或者执业助理医师资格考试。

在乡村医疗卫生机构中向村民提供预防、保健和一般医疗服务的乡村医生,符合执业医师法有关规定的,可以参加医师资格考试。

二、医师执业注册制度

(一)医师执业注册的条件

根据法律规定,凡取得执业医师资格或者助理医师资格的,均可申请医师执业注册。医师经注册取得《医师执业证书》后,方可按照注册的地点、执业类别、执业范围,从事相应的医疗、预防、保健活动。

(二)医师执业注册的程序

1. 申请　拟在医疗、保健机构中执业的人员,应当向批准该机构执业的卫生行政部门申请注册;拟在预防机构中执业的人员,应当向该机构的同级卫生行政部门申请注册;拟在机关、企业和事业单位的医疗机构中执业的人员,应当向核发该机构《医疗机构执业许可证》的卫生行政部门申请。

2. 审核和注册　注册主管部门应当自收到注册申请之日起30日内,对申请人提交的申请材料进行审核。经审核合格予以注册,并取得《医师执业证书》。

(三)医师执业不予注册的情形

有下列情形之一的,不予注册。

1. 不具有完全民事行为能力的。

2. 因受刑事处罚,自刑罚执行完毕之日起至申请注册之日止不满2年的。

3. 受吊销医师执业证书行政处罚,自处罚决定之日起至申请注册之日止不满2年的。

4. 甲类、乙类传染病传染期、精神病发病期,以及身体残疾等健康状况不适宜或者不能胜任医疗、预防、保健业务工作的。

5. 重新申请注册，经卫生行政部门指定机构或组织考核不合格的。

6. 卫生部门规定不宜从事医疗、预防、保健业务的其他情形的。

（四）医师执业重新注册、注销注册与变更注册的情形

1. 重新注册　有下列情形之一，应当重新申请注册。

（1）中止医师执业活动 2 年以上的。

（2）法定的不予注册的情形消失的。

重新申请注册的人员，应当首先到县级以上卫生行政部门指定的医疗、预防、保健机构或组织，接受 3～6 个月的培训，并经考核合格，方可依照法律的规定重新申请执业注册。

2. 注销注册　有下列情形之一的，医师所在的医疗、预防、保健机构应当在 30 日内报告注册主管部门，办理注销注册。

（1）死亡或者被宣告失踪的。

（2）受刑事处罚的。

（3）受吊销《医师执业证书》行政处罚的。

（4）因考核不合格，暂停执业活动期满，经培训后再次考核仍不合格的。

（5）中止医师执业活动满 2 年的。

（6）身体健康状况不适宜继续执业的。

（7）有出借、出租、抵押、转让、涂改《医师执业证书》行为的。

（8）卫生部门规定不宜从事医疗、预防、保健业务的其他情形的。

3. 变更注册　医师变更执业地点、执业类别、执业范围等注册事项的，应当到注册主管部门办理变更注册手续，并提交医师变更执业注册申请审核表、医师资格证书、医师执业证书，以及省级以上卫生行政部门规定提交的其他材料。医师在办理变更注册手续过程中，在《医师执业证书》原注册事项已被变更、未完成新的变更事项许可前，不得从事执业活动。

三、医师考核与培训制度

（一）医师考核制度

县级以上卫生行政部门负责指导、检查和监督医师考核工作。受县级以上人民政府卫生行政部门委托的医疗、预防、保健机构或者医疗机构评审委员会、医师协会或者其他医学专业组织负责对医师的业务水平、工作成绩和职业道德状况进行定期考核。考核机构应当将考核结果报告准予注册的卫生行政部门备案，并作为卫生主管部门和医疗机构对医师进行奖惩、职务晋升、职称评定等管理的依据。

对考核不合格的医师，县级以上卫生行政部门可以责令其暂停执业活动 3～6 个月，并接受培训和继续医学教育。暂停执业活动期满、再次进行考核合格的，允许其继续执业；不合格的，由县级以上卫生行政部门注销注册，收回医师执业证书。

（二）医师培训制度

县级以上人民政府卫生行政部门应当制定医师培训计划，对医师进行多种形式的培训，为医师接受继续医学教育提供条件。应当采取有力措施，对在农村和少数民族地区从事医疗、预防、保健业务的医务人员实施培训。医疗、预防、保健机构应当按照规定和计划保证本机构医师的培训和继续医学教育。

第三节 医师执业的权利义务和法律责任

一、医师在执业活动中的权利与义务

(一) 医师的权利

医师的执业权利指医师在执业活动中依法所享有的权利,包括以下方面的内容。

1. 医师的处方、诊断和治疗权、自主决定权。
2. 获得与本人执业活动相当的医疗设备基本条件。
3. 从事医学研究、学术交流、参加专业学术团体,即科学研究权。
4. 参加专业培训,接受继续医学教育。
5. 医师在执业活动中,人格尊严、人身安全不受侵犯。
6. 获得工资报酬和津贴,享受国家规定的福利待遇的权利。
7. 依法参与所在机构的民主管理的权利。

(二) 医师的义务

医师的义务是指医师在执业活动中必须履行的责任,主要包括以下内容。

1. 遵守法律法规、遵守技术操作规范。
2. 树立敬业精神,遵守职业道德,履行医师职责,尽职尽责为患者服务。
3. 关心、爱护、尊重患者,保护患者隐私。
4. 努力钻研业务,更新知识,提高专业技术水平。
5. 宣传卫生保健知识,对患者进行健康教育。

二、医师在执业活动中的规则要求

医师执业规则是指医师在执业活动中应遵循的规范。《执业医师法》做了以下规定。

1. 医师实施医疗、预防、保健措施,签署有关医学证明文件,必须亲自诊查、调查,并按照规定及时填写医学文书,不得隐匿、伪造或者销毁医学文书及有关资料。

2. 医师应当使用经国家有关部门批准使用的药品、消毒药剂和医疗器械;除正当诊断治疗外,不得使用麻醉药品、医疗用毒性药品、精神药品和放射性药品。

3. 医师不得利用职务之便,索取、非法收受患者财物或者牟取其他不正当利益。

4. 医师应当如实向患者或者其家属介绍病情,但应注意避免对患者产生不利后果;医师进行实验性临床医疗,应当经医院批准并征得患者本人或者其家属同意。

5. 遇有自然灾害、传染病流行、突发重大伤亡事故及其他严重威胁人民生命健康的紧急情况时,医师应当服从县级以上卫生行政部门的调遣。

6. 对危重患者,医师应当采取紧急措施进行处理,不得拒绝。

7. 发生医疗事故或者发现传染病疫情时,应当按照有关规定及时向所在机构或者卫生行政部门报告;发现涉嫌伤害事件或者非正常死亡时,应当按照有关规定向有关部门报告。

8. 执业助理医师应当在执业医师的指导下,在医疗、预防、保健机构中按照其执业类别执业。

重点提示

医师执业规则八个方面的规定，归纳起来可为"一个必须""五个不得""十个应当"。

三、违反执业医师法的法律责任

（一）违反执业医师法律法规的行政责任

1. 以不正当手段取得医师执业证书的，由发给证书的卫生行政部门予以吊销；对负有直接责任的主管人员和其他直接责任人员，依法给予行政处分。

2. 医师在执业活动中，有下列行为之一的，由县级以上人民政府卫生行政部门给予警告或者责令暂停 6 个月以上 1 年以下执业活动；情节严重的，吊销其医师执业证书：①违反卫生行政规章制度或者技术操作规范，造成严重后果的；②由于不负责任延误急危重症患者的抢救和诊治，造成严重后果的；③造成医疗责任事故的；④未经亲自诊查、调查，签署诊断、治疗、流行病学等证明文件或者有关出生、死亡等证明文件的；⑤隐匿、伪造或者擅自销毁医学文书及有关资料的；⑥使用未经批准使用的药品、消毒药剂和医疗器械的；⑦不按照规定使用麻醉药品、医疗用毒性药品、精神药品和放射性药品的；⑧未经患者或者其家属同意，对患者进行试验性临床医疗的；⑨泄露患者隐私，造成严重后果的；⑩利用职务之便，索取、非法收受患者财物或者牟取其他不正当利益的；⑪发生自然灾害、传染病流行、突发重大伤亡事故，以及其他严重威胁人民生命健康的紧急情况时，不服从卫生行政部门调遣的；⑫发生医疗事故或者发现传染病疫情、患者涉嫌伤害事件或者非正常死亡，不按照规定报告的。

3. 未经批准擅自开办医疗机构行医或者非医师行医的，由县级以上人民政府卫生行政部门予以取缔，没收其违法所得及其药品、器械，并处 10 万元以下的罚款；对医师吊销其执业证书。

4. 阻碍医师依法执业，侮辱、诽谤、威胁、殴打医师或者侵犯医师人身自由、干扰医师正常工作、生活的，依照治安管理处罚法的规定处罚。

5. 医疗、预防、保健机构对符合注销注册的情形而未按规定履行报告职责，导致严重后果的，由县级以上人民政府卫生行政部门给予警告，并对该机构的行政负责人依法给予行政处分。

6. 卫生行政部门工作人员或者医疗、预防、保健机构工作人员违反《执业医师法》，弄虚作假、玩忽职守、滥用职权、徇私舞弊，尚不构成犯罪的，依法给予行政处分。

（二）违反执业医师法的民事责任

医师在医疗、预防、保健工作中造成医疗事故的，依照法律或者国家有关规定，承担相应民事责任；未经批准擅自开办医疗机构行医或者非医师行医，给患者造成损害的，依法承担赔偿责任。

（三）违反执业医师法的刑事责任

根据刑法的规定，执业医师构成的犯罪主要有医疗事故罪、非法行医罪和非法进行节育手术罪。

1. 医疗事故罪处 3 年以下有期徒刑或者拘役。

2. 非法行医罪情节严重的，处 3 年以下有期徒刑、拘役或者管制，并处或单处罚金；严重损害就诊人身体健康的，处 3 年以上 10 年以下有期徒刑，并处罚金；造成就诊人死亡的，处 10 年以上有期徒刑，并处罚金。

重点提示

非法行医罪在主观方面表现为故意。

3. 非法进行节育手术罪处 3 年以下有期徒刑、拘役或者管制，并处或者单处罚金；严重损害就诊人身体健康的，处 3 年以上 10 年以下有期徒刑，并处罚金；造成就诊人死亡的，处 10 年以上有期徒刑，并处罚金。

讨论与思考

董某，原系某县人民医院院长，于 2005-2007 年先后收受医药企业钱物折合人民币37 820 元。区人民法院依法判处董某有期徒刑 3 年，缓刑 5 年；有关部门依纪依法给予其开除党籍处分，并撤销其县人民医院院长职务。危某，原系某县人民医院药械科科长，于 2005-2007 年先后收受医药企业回扣人民币 21 200 元。区人民法院依法判处其有期徒刑 1 年零 6 个月，缓刑 2 年；有关部门依法撤销其县人民医院药械科科长职务。

结合案例谈谈如何提高执业医师地位，重塑执业医师形象，让医生得到应有的社会尊重？

（刘　苏）

第 9 章

疾病预防与控制法律制度

学习要点

1. 传染病防治法和防治方针
2. 传染病的分类管理
3. 传染病疫情报告和公布
4. 职业病前期预防措施及劳动过程中的防护与管理
5. 职业病病人的保障措施

案例分析

居民王某在医院门诊时被诊断疑似得了霍乱，医院要王某立即住院隔离治疗，王某拒绝并跑回了家。医院立即将此病例上报市疾病预防控制中心，市疾病预防控制中心马上派人到王某家中动员并请其单位领导做工作请患者入院，均未果。不得已之下市疾病预防控制中心请求公安部门协助。公安人员强行将其送至医院隔离治疗。

请分析

1. 医院发现这一传染病病人后采取的措施是否正确？为什么？
2. 疾病预防控制中心请求公安部门协助，强制病人入院治疗是否合适？为什么？
3. 作为传染病病人及其家属，应该采取哪些行为是正确的？

第一节　传染病防治法

传染病是指由病原微生物引起的，可以在人与人、人与动物、动物与动物之间相互传播并造成流行，对人体健康和生命安全威胁巨大的一类疾病。目前指导我国传染病防治工作的基本法律是 1989 年制定的《中华人民共和国传染病防治法》，该法经由 2004 年、2013 年修订。1991 年 12 月 6 日国务院发布了《中华人民共和国传染病防治法实施办法》，此外卫生计生委也发布了一系列加强传染病防治的规章、通知等。

重点提示

《传染病防治法》由全国人民代表大会常务委员会制定，是指导我国传染病防治工作的基础性法律规范。

一、传染病防治法概述

(一) 传染病防治法的概念

传染病防治法是调整在预防、控制和消除传染病的发生和流行，保障人体健康和公共卫生活动中产生的各种社会关系的法律规范的总和。

(二) 传染病防治方针

国家对传染病防治实行预防为主方针，防治结合、分类管理、依靠科学、依靠群众。

(三) 传染病的分类管理

《传染病防治法》将全国发病率较高、流行面较大、危害较严重的急慢性传染病定为法定管理的传染病，并根据其对人类的危害程度、传播方式和速度及人群易感程度不同，分为甲乙丙三类，实行分类管理。

重点提示

国家卫生计生委2013年10月28日对部分法定传染病病种进行了调整，将人感染H7N9禽流感纳入法定乙类传染病，将甲型H1N1流感从乙类调整为丙类，并纳入现有流行性感冒进行管理，解除对人感染高致病性禽流感采取的传染病防治法规定的甲类传染病预防、控制措施，即将人感染高致病性禽流感由乙类传染病甲类管理调整为乙类传染病乙类管理。目前，我国共有39种法定传染病，其中甲类2种、乙类26种，丙类11种。

二、传染病的监控

国务院卫生行政部门和省、自治区、直辖市人民政府根据传染病发生、流行趋势的预测，及时发出传染病预警，根据情况予以公布。国家建立传染病监测制度，国务院卫生行政部门制定国家传染病监测规划和方案。省、自治区、直辖市人民政府卫生行政部门制定本行政区域的传染病监测计划和工作方案。各级疾病预防控制机构对传染病的发生、流行，以及影响其发生、流行的因素，进行监测；对国外发生、国内尚未发生的传染病或者国内新发生的传染病，进行监测。

三、传染病疫情的报告和公布

(一) 传染病疫情报告

疾病预防控制机构、医疗机构和采供血机构及其执行职务的人员发现法定的传染病疫情或者发现其他传染病暴发、流行，以及突发原因不明的传染病时，应当遵循疫情报告属地管理原则，按照国务院卫生行政部门规定的内容、程序、方式和时限报告。

任何单位和个人发现传染病病人或疑似传染病病人时，应当及时向附近的疾病预防控制机构或医疗机构报告。不得隐瞒、谎报、缓报传染病疫情。

县级以上地方人民政府卫生行政部门应当及时向本行政区域内的疾病预防控制机构和医

疗机构通报传染病疫情，以及监测、预警的相关信息。接到通报的疾病预防控制机构和医疗机构应当及时告知本单位的有关人员。县级以上人民政府有关部门发现传染病疫情时，应当及时向同级人民政府卫生行政部门通报。

国务院卫生行政部门应当及时向国务院其他有关部门和各省、自治区、直辖市人民政府卫生行政部门通报全国传染病疫情以及监测、预警的相关信息。

毗邻的及相关的地方人民政府卫生行政部门，应当及时互相通报本行政区域的传染病疫情以及监测、预警的相关信息。

（二）传染病疫情的公布

国家建立传染病疫情信息公布制度。国务院卫生行政部门定期公布全国传染病疫情信息。省、自治区、直辖市人民政府卫生行政部门定期公布本行政区域的传染病疫情信息。

传染病暴发、流行时，国务院卫生行政部门负责向社会公布传染病疫情信息，并可以授权省、自治区、直辖市人民政府卫生行政部门向社会公布本行政区域的传染病疫情信息。

公布传染病疫情信息应当及时、准确。

四、传染病疫情控制

（一）医疗机构的疫情控制措施

医疗机构发现甲类传染病时，应当及时采取下列措施。

1. 对病人、病原携带者，予以隔离治疗，隔离期限根据医学检查结果确定。

2. 对疑似病人，确诊前在指定场所单独隔离治疗。

3. 对医疗机构内的病人、病原携带者、疑似病人的密切接触者，在指定场所进行医学观察和采取其他必要的预防措施。

拒绝隔离治疗或者隔离期未满擅自脱离隔离治疗的，可以由公安机关协助医疗机构采取强制隔离治疗措施。

（二）疾病预防控制机构的疫情控制措施

疾病预防控制机构发现传染病疫情或者接到传染病疫情报告时，应当及时采取措施。

1. 对传染病疫情进行流行病学调查，根据调查情况提出划定疫点、疫区的建议，对被污染的场所进行卫生处理，对密切接触者，在指定场所进行医学观察和采取其他必要的预防措施，并向卫生行政部门提出疫情控制方案。

2. 传染病暴发、流行时，对疫点、疫区进行卫生处理，向卫生行政部门提出疫情控制方案，并按照卫生行政部门的要求采取措施。

3. 指导下级疾病预防控制机构实施传染病预防、控制措施，组织、指导有关单位对传染病疫情的处理。

（三）政府的疫情控制措施

对已经发生甲类传染病病例的场所或者该场所内的特定区域的人员，所在地的县级以上地方人民政府可以实施隔离措施，并同时向上一级人民政府报告；接到报告的上级人民政府应当即时做出是否批准的决定。上级人民政府做出不予批准决定的，实施隔离措施的人民政府应当立即解除隔离措施。

在隔离期间，实施隔离措施的人民政府应当对被隔离人员提供生活保障；被隔离人员有工作单位的，所在单位不得停止支付其隔离期间的工作报酬。

(四)尸体处理

患甲类传染病、炭疽死亡的,应当将尸体立即进行卫生处理,就近火化。患其他传染病死亡的,必要时,应当将尸体进行卫生处理后火化或者按照规定深埋。为查找传染病病因,医疗机构在必要时可以按照国务院卫生行政部门的规定,对传染病病人尸体或者疑似传染病病人尸体进行解剖查验,并应当告知死者家属。

(五)紧急措施

传染病暴发、流行时,县级以上地方人民政府应当立即组织力量,按照预防、控制预案进行防治,切断传染病的传播途径,必要时,报经上一级人民政府决定,可以采取下列紧急措施并予以公告。

1. 限制或者停止集市、影剧院演出或者其他人群聚集的活动。
2. 停工、停业、停课。
3. 封闭或者封存被传染病病原体污染的公共饮用水源、食品及相关物品。
4. 控制或者扑杀染疫野生动物、家畜家禽。
5. 封闭可能造成传染病扩散的场所。

重点提示

上级人民政府接到下级人民政府关于采取紧急措施的报告时,应当即时做出决定。紧急措施的解除,由原决定机关决定并宣布。

五、医疗救治

(一)人民政府的职责

县级以上人民政府应当加强和完善传染病医疗救治服务网络的建设,指定具备传染病救治条件和能力的医疗机构承担传染病救治任务,或者根据传染病救治需要设置传染病医院。

(二)医疗机构的职责

医疗机构应当按照规定对使用的医疗器械进行消毒;对按照规定一次使用的医疗器具,应当在使用后予以销毁。医疗机构应当按照国务院卫生行政部门规定的传染病诊断标准和治疗要求,采取相应措施,提高传染病医疗救治能力。

医疗机构应当对传染病病人或者疑似传染病病人提供医疗救护、现场救援和接诊治疗,书写病历记录及其他有关资料,并妥善保管。医疗机构应当实行传染病预检、分诊制度;对传染病病人、疑似传染病病人,应当引导至相对隔离的分诊点进行初诊。医疗机构不具备相应救治能力的,应当将患者及其病历记录复印件一并转至具备相应救治能力的医疗机构。

六、监督管理

(一)政府的职责

县级以上人民政府卫生行政部门对传染病防治工作履行下列监督检查职责。

1. 对下级人民政府卫生行政部门履行传染病防治职责进行监督检查。
2. 对疾病预防控制机构、医疗机构的传染病防治工作进行监督检查。
3. 对采供血机构的采供血活动进行监督检查。

4. 对用于传染病防治的消毒产品及其生产单位进行监督检查，并对饮用水供水单位从事生产或者供应活动以及涉及饮用水卫生安全的产品进行监督检查。

5. 对传染病菌种、毒种和传染病检测样本采集、保藏、携带、运输、使用监督检查。

6. 对公共场所和有关单位的卫生条件和传染病预防、控制措施进行监督检查。

（二）卫生行政部门的职责

卫生行政部门应当依法建立健全内部监督制度，对其工作人员依据法定职权和程序履行职责的情况进行监督。上级卫生行政部门发现下级卫生行政部门不及时处理职责范围内的事项或者不履行职责的，应当责令纠正或者直接予以处理。卫生行政部门及其工作人员履行职责，应当自觉接受社会和公民的监督。单位和个人有权向上级人民政府及其卫生行政部门举报违反本法的行为。接到举报的有关人民政府或者其卫生行政部门，应当及时调查处理。

（三）行政执法部门的调查取证权

县级以上人民政府卫生行政部门在履行监督检查职责时，有权进入被检查单位和传染病疫情发生现场调查取证，查阅或者复制有关的资料和采集样本。被检查单位应当予以配合，不得拒绝、阻挠。

重点提示

卫生行政部门工作人员依法执行职务时，应当不少于两人，并出示执法证件，填写卫生执法文书。

（四）行政执法部门的临时控制权

县级以上地方人民政府卫生行政部门在履行监督检查职责时，发现被传染病病原体污染的公共饮用水源、食品及相关物品，如不及时采取控制措施可能导致传染病传播、流行的，可以采取封闭公共饮用水源、封存食品及相关物品或者暂停销售的临时控制措施，并予以检验或者进行消毒。经检验，属于被污染的食品，应当予以销毁；对未被污染的食品或者经消毒后可以使用的物品，应当解除控制措施。

第二节　职业病防治法

职业病，是指企业、事业单位和个体经济组织等用人单位的劳动者在职业活动中，因接触粉尘、放射性物质和其他有毒、有害因素而引起的疾病。2002 年 5 月 1 日起施行、经 2011 年 12 月 31 日第十一届全国人民代表大会常务委员会修订的《中华人民共和国职业病防治法》是预防、控制和消除职业病危害，进行职业病防治的基本法律。此外，卫生部发布的《职业病目录》《职业病诊断与鉴定管理办法》、国务院颁布的《国家职业病防治规划（2009-2015 年）》等为规范职业病诊断鉴定、保护劳动者身体健康和生命安全发挥了重要作用。

一、职业病防治概述

（一）职业病防治的方针和原则

我国职业病防治工作坚持预防为主、防治结合方针，实行分类管理、综合治理的原则。国家鼓励研制、开发、推广、应用有利于职业病防治和保护劳动者健康的新技术、新工艺、新材料，加强对职业病的机制和发生规律的基础研究，提高职业病防治科学技术水平。

(二)劳动者在职业病防治方面的权利

用人单位应当为劳动者创造符合国家职业卫生标准和卫生要求的工作环境和条件，并采取措施保障劳动者获得职业卫生保护。工会组织依法对职业病防治工作进行监督，维护劳动者的合法权益。

(三)用人单位在职业病防治方面的责任

用人单位应当建立、健全职业病防治责任制，加强对职业病防治的管理，提高职业病防治水平，对本单位产生的职业病危害承担责任。用人单位的主要负责人对本单位的职业病防治工作全面负责。用人单位必须依法参加工伤保险。

(四)职业卫生监督制度

国务院安全生产监督管理部门、卫生行政部门、劳动保障行政部门，负责全国职业病防治的监督管理工作。国务院有关部门在各自的职责范围内负责职业病防治的有关监督管理工作。

国务院和县级以上地方人民政府劳动保障行政部门应当加强对工伤保险的监督管理，确保劳动者依法享受工伤保险待遇。

县级以上地方人民政府安全生产监督管理部门、卫生行政部门、劳动保障行政部门依据各自职责，负责本行政区域内职业病防治的监督管理工作。县级以上地方人民政府有关部门在各自的职责范围内负责职业病防治的有关监督管理工作。

县级以上人民政府安全生产监督管理部门、卫生行政部门、劳动保障行政部门应当加强沟通，密切配合，按照各自职责分工，依法行使职权，承担责任。

二、职业病的前期预防

(一)用人单位工作场所的职业卫生要求

用人单位应当依照法律、法规要求，严格遵守国家职业卫生标准，落实职业病预防措施，从源头上控制和消除职业病危害。产生职业病危害的用人单位的设立除应当符合法律、行政法规规定的设立条件外，其工作场所还应当符合下列职业卫生要求。

1. 职业病危害因素的强度或者浓度符合国家职业卫生标准。
2. 有与职业病危害防护相适应的设施。
3. 生产布局合理，符合有害与无害作业分开的原则。
4. 有配套的更衣间、洗浴间、孕妇休息间等卫生设施。
5. 设备、工具、用具等设施符合保护劳动者生理、心理健康的要求。

(二)职业病危害项目申报制度

用人单位工作场所存在职业病目录所列职业病的危害因素的，应当及时、如实向所在地安全生产监督管理部门申报危害项目，接受监督。

重点提示

职业病分类目录和职业病危害因素分类目录由国家卫生行政部门会同国务院安全生产监督管理部门制定、调整并公布。

三、劳动者健康管理

1. *劳动合同*　用人单位与劳动者订立劳动合同时，应当将工作过程中可能产生的职业病危害及其后果、职业病防护措施和待遇等如实告知劳动者，并在劳动合同中写明，不得隐瞒或者欺骗。用人单位违反告知义务的，劳动者有权拒绝从事存在职业病危害的作业，用人单位不得因此解除或者终止与劳动者所订立的劳动合同。

2. *劳动者职业卫生培训*　用人单位的负责人应当接受职业卫生培训，遵守职业病防治法律、法规，依法组织本单位的职业病防治工作。

四、职业病诊断与职业病病人保障

（一）职业病诊断

1. *职业病诊断依据*　职业病诊断应当综合分析下列因素：病人的职业史、职业病危害接触史和现场危害调查与评价、临床表现以及辅助检查结果等。

2. *职业病诊断机构*　职业病诊断应当由省级以上人民政府卫生行政部门批准的医疗卫生机构承担。承担职业病诊断的医疗卫生机构在进行职业病诊断时，应当组织 3 名以上取得职业病诊断资格的执业医师集体诊断。

（二）职业病病人保障

1. 职业病病人依法享受国家规定的职业病待遇，用人单位应当按照国家有关规定，安排职业病病人进行治疗、康复和定期检查，对不适宜继续从事原工作的职业病病人，应当调离原岗位，并妥善安置，对从事接触职业病危害作业的劳动者，应当给予适当岗位津贴。

2. 职业病病人的诊疗、康复费用，伤残及丧失劳动能力的职业病病人的社会保障，按照国家有关工伤社会保险的规定执行。

3. 职业病病人除依法享有工伤社会保险外，还有获得赔偿的权利，有权向用人单位提出赔偿要求。

4. 劳动者被诊断患有职业病，但用人单位没有依法参加工伤社会保险的，其医疗和生活保障由最后的用人单位承担；最后的用人单位有证据证明该职业病是先前用人单位的职业病危害造成的，由先前的用人单位承担。

5. 职业病病人变动工作单位，其依法享有的待遇不变。用人单位发生分立、合并、解散、破产等情形的，应当对从事接触职业病危害作业的劳动者进行健康检查，并按照国家有关规定妥善安置职业病病人。

讨论与思考

1. 当传染病暴发或流行时应采取哪些措施？

2. 作为一个普通的我国公民，结合自身周围发生的职业病方面的案例，谈谈对现有的相关法律规范有哪些建议？

（张立哲）

第 10 章

突发公共卫生事件应急管理法律制度

学习要点

1. 突发公共卫生事件的特征、分级、分类
2. 突发公共卫生事件中政府的相关机构以及各机构的职责
3. 突发公共卫生事件的应急预案和应急准备及应急措施
4. 违反《突发公共卫生事件应急条例》的法律责任

案例分析

2014 年 8 月 3 日 16 时 30 分许，云南省昭通市鲁甸县境内发生 6.5 级地震，造成重大人员伤亡。截至 5 日 14 时 30 分，云南鲁甸地震共造成 410 人死亡，2373 人受伤。一如每一次大灾一样，八方驰援不用任何动员。解放军、武警部队、公安、民政、卫生等多方救援力量紧锣密鼓向灾区集结，并立即展开救援。此外，地震、气象、国土、住建、交通、电力、电信……从中央到地方，多部门迅速联动投入灾区救援。从地震发生到 4 日晚间，超过七千人的救援力量正在灾区全力展开救援。

请分析

1. 鲁甸地震发生后，应该启动几级应急响应？鲁甸地震是否属于突发公共卫生事件？
2. 医疗卫生部门需要做哪方面的工作？如果你到现场救灾需要做哪些工作？

第一节 突发公共卫生事件应急管理法律制度概述

一、突发公共卫生事件的概述

(一) 突发公共卫生事件的特征、分类和分级

1. 突发事件的含义、分类及分级标准　突发事件是指突然发生造成或者可能造成严重社

会危害，需要采取应急处置措施予以应对的自然灾害、事故灾难、公共卫生事件和社会安全事件。根据突发事件发生的原因、机制、过程、性质和危害对象，将突发事件分为四类：自然灾害、事故灾难、公共卫生事件和社会安全事件。

突发事件按照其社会危害程度、影响范围、性质、可控性、行业特点等因素，将自然灾害、事故灾难、公共卫生事件分为特别重大、重大、较大和一般四级。

2. 突发公共卫生事件的概念、特征、分类、分级　突发公共卫生事件是指突然发生、造成或可能造成社会公众健康严重损害的重大传染病疫情、群体性不明原因疾病、重大食物中毒、职业中毒以及其他影响公众健康的突发公共事件。

突发公共卫生事件具有以下特点。

(1)突发性：不易预测，突如其来，但其发生与转归也具有一定的规律性。

(2)公共属性：危及的对象是不特定的社会群体。

(3)危害的严重性：对公众健康、生命安全、社会经济发展、生态环境等造成不同程度的危害，既可以是即时性严重损害，也可是潜在的损害事件。

(4)处理的综合性和系统性：突发公共卫生事件不仅仅是一个公共卫生问题，还是一个社会问题，需要全社会共同努力，其处理涉及多系统、多部门。

根据突发公共卫生事件的成因和性质，将突发公共卫生事件分为：重大急性传染病暴发流行；群体性不明原因疾病、新发传染病；预防接种群体性反应和群体药物反应；重大食物中毒；重大环境污染；急性职业中毒；放射污染和辐射事故；生物、化学、核辐射恐怖袭击；重大动物疫情；以及由于自然灾害、事故灾难或社会治安等突发事件引发的严重影响公众健康的卫生事件。

根据突发公共卫生事件的性质、危害程度、涉及范围，突发公共卫生事件划分为特别重大(Ⅰ级)、重大(Ⅱ级)、较大(Ⅲ级)和一般(Ⅳ级)四级。

(二)突发公共卫生事件应急立法

2003 年 5 月 9 日，国务院公布实施了《突发公共卫生事件应急条例》。2006 年 2 月 26 日，国务院又颁布了《国家突发公共卫生事件应急预案》，2007 年 8 月 30 日，第十届全国人民代表大会常务委员会第十二次会议通过了《中华人民共和国突发事件应对法》，并于 2007 年 11 月 1 日起施行。

二、突发公共卫生事件应急工作原则和机制

(一)突发公共卫生事件的应对工作原则

突发事件应急工作，应当遵循预防为主、常备不懈的方针，实行预防为主、预防与应急相结合的原则，贯彻统一领导、分级负责、反应及时、措施果断、依靠科学、加强合作的原则。

重点提示

预防为主是突发事件应对工作的核心。

(二)突发公共卫生事件的社会动员机制

社会动员机制主要有两层含义：一是提高全民危机意识机制和能力建设机制；二是社会成员参与机制，就是公民、法人和其他组织有义务参与突发事件应对工作。动员是各级政府调动全社会人力、物力、财力应对突发事件的行为过程，包括经济动员、人力动员、技术动员等。

三、突发公共卫生事件的应急管理机构体系及职责

(一) 突发公共卫生事件应急管理体制

为了应对突发公共卫生事件的发生,国务院及地方各级政府成立应急机构,国家建立统一领导、综合协调、分类管理、分级负责、属地管理为主的应急管理体制。

1. 全国突发事件应急处理指挥部 突发事件发生后,国务院设立全国突发事件应急处理指挥部,由国务院有关部门和军队有关部门组成,国务院主管领导人担任总指挥,负责对全国突发事件应急处理的统一领导、统一指挥。国务院卫生行政主管部门和其他有关部门,在各自的职责范围内做好突发事件应急处理的有关工作。

2. 省(市)级突发事件应急处理指挥部 突发事件发生后,省、自治区、直辖市人民政府成立地方突发事件应急处理指挥部,省、自治区、直辖市人民政府主要领导人担任总指挥,负责领导、指挥本行政区域内突发事件应急处理工作。

3. 市(地)、县级地方人民政府应急机构或卫生行政主管部门 具体负责组织突发事件的调查、控制和医疗救治工作,在各自的职责范围内做好突发事件应急处理的有关工作。

4. 成立专家组织 成员由传染病学、临床医学、流行病学、食品卫生、职业卫生、免疫规划、卫生管理、健康教育、医学检验等相关领域具有高级职称的专家组成。

(二) 突发公共卫生事件应急管理职责

1. 开展防治突发事件相关科学研究 县级以上各级人民政府应当组织开展防治突发事件相关科学研究,建立突发事件应急流行病学调查、传染源隔离、医疗救护、现场处置、监督检查、监测检验、卫生防护等工作。

2. 资源储备 县级以上各级人民政府对突发事件应急工作应做好有关物资、设备、设施、技术与人才资源储备,所需经费列入本级政府财政预算。

3. 财政支持 国家对边远贫困地区突发事件应急工作给予财政支持。

4. 国际交流与合作 国家鼓励、支持开展突发事件监测、预警、反应处理有关技术的国际交流与合作。

5. 补助和抚恤 县级以上各级人民政府及其卫生行政主管部门,应当对参加突发事件应急处理的医疗卫生人员,给予适当经济补助和保健津贴;对参加突发事件应急处理做出贡献的人员,给予表彰和奖励;对因参与应急处理工作致病、致残、死亡的人员,按照国家有关规定,给予相应的补助和抚恤。

6. 建立应急处理责任制 国务院有关部门和县级以上地方人民政府及其有关部门,应当建立严格的突发事件防范和应急处理责任制,切实履行各自的职责,保证突发事件应急处理工作的正常进行。

第二节 突发公共卫生事件预防与应急处理制度

一、突发公共卫生事件预防制度

(一) 制定应急预案

1. 应急预案的含义 应急预案又可以称为应急计划,是为保证迅速、有序、有效地针对已

发生或可能发生的突发事件开展控制与救援行动，尽量避免事件的发生或降低其造成的损害，依照相关的法律法规而预先制定的应急工作方案。

国务院卫生行政主管部门制定的全国突发事件应急预案主要内容如下。

(1)突发事件应急处理指挥部的组成和相关部门的职责。

(2)突发事件的监测与预警。

(3)突发事件信息的收集、分析、报告、通报制度。

(4)突发事件应急处理技术和监测机构及其任务。

(5)突发事件的分级和应急处理工作方案。

(6)突发事件预防、现场控制，应急设施、设备、救治药品和医疗器械以及其他物资和技术的储备与调度。

(7)突发事件应急处理专业队伍的建设和培训。

突发事件应急预案应当根据突发事件的变化和实施中发现的问题及时进行修订、补充。

2. 依法建立应急预案体系　国家建立健全突发公共卫生事件应急预案体系。国务院制定国家突发事件总体应急预案，组织制定国家突发事件专项应急预案；国务院有关部门根据各自的职责和国务院相关应急预案，制定国家突发事件部门应急预案。

地方各级人民政府和县级以上地方各级人民政府有关部门根据有关法律、法规、规章、上级人民政府及其有关部门的应急预案以及本地区的实际情况，制定相应的突发事件应急预案。

应急预案制定机关应当根据实际需要和情势变化，适时修订应急预案。应急预案的制定、修订程序由国务院规定。

重点提示

国家突发事件应急预案分为两个层次，一是中央一级的应急预案；二是地方一级的应急预案。

3. 建立应急管理培训制度　县级以上人民政府应当建立健全突发事件应急管理培训制度，对人民政府及其有关部门负有处置突发事件职责的工作人员定期进行培训。应急管理培训就是对应急管理所需的知识和技能的培训。

4. 加强学校的应急知识教育　学校有应急知识教育的义务，各级各类学校应当把应急知识教育纳入教学内容，对学生进行应急知识教育，培养学生的安全意识和自救与互救能力。教育主管部门应当对学校开展应急知识教育进行指导和监督。

(二)做好应急准备

国家建立突发公共卫生事件应急准备制度。

1. 突发公共卫生事件应急保障

(1)国家建立健全应急物资储备保障制度：完善重要应急物资的监管、生产、储备、调拨和紧急配送体系。设区的市级以上人民政府和突发事件易发、多发地区的县级人民政府应当建立应急救援物资、生活必需品和应急处置装备的储备制度。县级以上地方各级人民政府应当根据本地区的实际情况，与有关企业签订协议，保障应急救援物资、生活必需品和应急处置装备的生产、供给。

(2)国家建立健全应急通信保障体系：完善公用通信网，建立有线与无线相结合、基础电信网络与机动通信系统相配套的应急通信系统，确保突发事件应对工作的通信畅通。

2. 医疗卫生部门应急准备　国务院有关部门和县级以上地方人民政府及其有关部门，应当根据突发事件应急预案的要求，保证应急设施、设备、救治药品和医疗器械等物资储备。

二、突发公共卫生事件报告与信息发布制度

（一）国家建立突发公共卫生事件应急报告制度

国家建立突发事件应急报告制度。突发公共卫生事件信息报告，是保障突发公共卫生事件监测系统有效运行的主要手段，也是各级政府和卫生行政部门及时掌握突发公共卫生事件信息、提高处置速度和效能的保证。

1. 责任报告单位和责任报告人

（1）责任报告单位：县以上各级人民政府卫生行政部门指定的突发公共卫生事件监测机构；各级、各类医疗卫生机构；卫生行政部门；县级以上地方人民政府；其他有关单位，主要包括发生突发公共卫生事件的单位、与群众健康和卫生保健工作密切相关的机构。

（2）责任报告人：执行职务的各级、各类医疗卫生机构的工作人员、个体开业医生。

2. 报告时限和程序　突发公共卫生事件监测机构、医疗卫生机构及有关单位发现突发公共卫生事件，应在 2 小时内向所在地区县（区）级人民政府的卫生行政部门报告。

卫生行政部门在接到突发公共卫生事件报告后，应在 2 小时内向同级人民政府报告；同时，向上级人民政府卫生行政部门报告，并应立即组织进行现场调查，确认事件的性质，及时采取措施，随时报告事件的进展态势。

各级人民政府应在接到事件报告后的 2 小时内向上一级人民政府报告。

对可能造成重大社会影响的突发公共卫生事件，省级以下地方人民政府卫生行政部门可直接上报国务院卫生行政部门。省级人民政府在接到报告的 1 小时内，应向国务院卫生行政部门报告。

3. 报告内容　突发公共卫生事件报告分为首次报告、进程报告和结案报告。应根据事件的严重程度、事态发展、控制情况，及时报告事件的进程，内容包括事件基本信息和事件分类信息两部分。

4. 突发公共卫生事件的网络直报　各级、各类医疗卫生机构可通过《中国突发公共卫生事件信息报告管理系统》网上直接报告突发公共卫生事件，以提高报告的及时性。

5. 信息监控、分析与反馈

（1）各级信息归口部门对突发事件的分析结果应以定期简报或专题报告等形式，向上级信息归口部门及同级卫生行政部门报告。

（2）各级卫生行政部门应加强与各级突发公共卫生事件监测机构的信息反馈与交流，充分利用信息资源为突发公共卫生事件的处置服务。

（3）发生突发公共卫生事件的相邻地区卫生行政部门应定期交换相关事件信息，较大级以上的突发公共卫生事件应随时互相进行通报。

（二）国家建立全国统一的突发公共卫生事件信息系统

国务院建立全国统一的突发事件信息系统。县级以上地方各级人民政府应当建立或者确定本地区统一的突发事件信息系统，汇集、储存、分析、传输有关突发事件的信息，并与上级人民政府及其有关部门、下级人民政府及其有关部门、专业机构和监测网点的突发事件信息系统

实现互联互通,加强跨部门、跨地区的信息交流与情报合作。

突发事件信息系统是指汇集、储存、分析、传输突发事件发生、发展情况的信息的网络和体系。

(三)突发公共卫生事件应急举报制度

国家建立突发事件举报制度,公布统一的突发事件报告、举报电话。

任何单位和个人有权向人民政府及其有关部门报告突发事件隐患,有权向上级人民政府及其有关部门举报地方人民政府及其有关部门不履行突发事件应急处理职责,或者不按照规定履行职责的情况。

(四)突发公共卫生事件信息发布制度

国家建立突发事件的信息发布制度,国务院卫生行政主管部门负责向社会发布突发事件的信息,信息发布应当及时、准确、全面。

三、突发公共卫生事件应急处理制度和法律责任

(一)应急处理制度

1. *启动应急预案*　突发事件发生后,卫生行政主管部门应当组织专家对突发事件进行综合评估,初步判断突发事件的类型,提出是否启动突发事件应急预案的建议。在全国范围内或者跨省、自治区、直辖市范围内启动全国突发事件应急预案,由国务院卫生行政主管部门报国务院批准后实施。省、自治区、直辖市启动突发事件应急预案,由省、自治区、直辖市人民政府决定,并向国务院报告。

2. *及时宣布法定传染病*　国务院卫生行政主管部门对新发现的突发传染病,根据其危害程度、流行强度,依照传染病防治法的规定及时宣布为法定传染病;宣布为甲类传染病的,由国务院决定。

3. *采取应急控制措施*

(1)应急物资供应措施:突发事件发生后,国务院有关部门和县级以上地方人民政府及其有关部门,应当保证突发事件应急处理所需的医疗救护设备、救治药品、医疗器械等物资的生产、供应;铁路、交通、民用航空行政主管部门应当保证及时运送。根据突发事件应急处理的需要,突发事件应急处理指挥部有权紧急调集人员、储备的物资、交通工具以及相关设施、设备;必要时,对人员进行疏散或者隔离,并可以依法对传染病疫区实行封锁。

(2)现场控制措施:根据疾病的传染源或危害源、传播或危害途径以及疾病特征,确定应采取的相应的预防控制措施,迅速控制危险源,标明危险区域,封锁危险场所,划定警戒区,实行交通管制以及其他控制措施。

(3)医疗机构控制措施:①应当对因突发事件致病的人员提供医疗救护和现场救援;对就诊病人必须接诊治疗,并书写详细、完整的病历记录。②采取卫生防护措施,防止环境、工作人员或相关人员的交叉感染和污染。③对传染病病人密切接触者采取医学观察措施,传染病病人密切接触者应当予以配合。④收治传染病病人、疑似传染病病人,依法报告所在地的疾病预防控制机构。⑤对传染病做到早发现、早报告、早隔离、早治疗,切断传播途径,防止扩散。

(4)疫区控制措施:突发事件应急处理指挥部根据突发事件应急处理的需要,可以对食物和水源采取控制措施。依法对传染病疫区实行封锁。

(二)法律责任

1. 政府部门的法律责任　各级人民政府及其有关部门有以下行为的,对主要领导人给予行政处分;构成犯罪的,应依法追究刑事责任:①未依照规定履行报告职责,对突发公共卫生事件隐瞒、缓报、谎报或授意他人隐瞒、缓报、谎报的;②未完成突发公共卫生事件应急处理所需要的设施、设备、药品和医疗器械等物资的生产、供应、运输和储备的;③在突发公共卫生事件调查、控制、医疗救治工作中玩忽职守、失职、渎职或不予配合的;④拒不履行其他应急处理职责的。

2. 医疗卫生机构和相关人员的法律责任　医疗卫生机构未依照规定履行报告职责,隐瞒、缓报或者谎报的,未依照规定及时采取控制措施的,未依照规定履行突发事件监测职责的,拒绝接诊病人的,拒不服从突发事件应急处理指挥部调度的,由卫生行政主管部门责令改正、通报批评、给予警告;情节严重的,吊销《医疗机构执业许可证》;对主要负责人、负有责任的主管人员和其他直接责任人员依法给予降级或者撤职的纪律处分;造成传染病传播、流行或者对社会公众健康造成其他严重危害后果,构成犯罪的,依法追究刑事责任。

在突发事件发生期间,散布谣言、哄抬物价、欺骗消费者,扰乱社会秩序、市场秩序的,由公安机关或者工商行政管理部门依法给予行政处罚;构成犯罪的,依法追究刑事责任。

讨论与思考

1. 如果发生突发公共卫生事件,你应该怎么做?

2. 张某是某超市的经理,在一次突发公共卫生事件发生期间,散布谣言,哄抬物件,欺骗消费者,扰乱社会秩序和市场秩序。依据所学知识,谈谈对张某应如何处理?

(刘　苏)

第 11 章

药品管理法律制度

学习要点

1. 药品管理法的概念
2. 药品生产、经营企业和医疗机构的药剂管理
3. 药品标准及新药、特殊药品管理的规定
4. 药品管理的法律责任

案例分析

2006 年 7 月 27 日，国家食品药品监督管理局接到青海省食品药品监督管理局报告，西宁市部分患者在使用某药厂生产的“欣弗”注射液后，出现了胸闷、心悸、心慌、寒战、肾区疼痛、腹痛、腹泻等症状。随后，广西、浙江、黑龙江、山东等地食品药品监督管理部门也分别报告在本地发现相同品种出现相似临床症状的病例。

经查，该公司 2006 年 6 月至 7 月生产的“欣弗”未按标准的工艺参数灭菌，降低灭菌温度，缩短灭菌时间，明显违反规定。此外，增强灭菌柜装载量，影响了灭菌效果。经中国药品生物制品检定所对相关样品进行检验，结果表明，无菌检查和热源检查均不符合规定。

“欣弗事件”给公众健康和生命安全带来了严重威胁，致使多人死亡，造成了恶劣的社会影响。

请分析

1. 药品管理都有哪些法律责任？
2. 比照劣药及假药的定义，谈谈自己的认识。

药品管理法律制度是国家对药品进行管理的重要依据，是国家对药品实施监督管理，确保药品质量，保障广大人民群众用药安全的根本保障。

第一节 药品管理法律制度概述

药品是指用于预防、治疗、诊断人的疾病,有目的地调节人的生理功能并规定有适应证、用法和用量的物质,包括中药材、中药饮片、中成药、化学原料药及其制剂、抗生素、生化药品、放射性药品、血清疫苗、血液制品和诊断药品等。

一、药品管理法的概念和适用范围

(一)药品管理法的概念

药品管理法是指由国家制定的调整药品监督管理活动中产生的各种社会关系的法律规范的总和,包括药品的生产、经营、使用、进出口、保证药品质量等方面。

药品作为一种特殊商品,世界各国政府对其都采取特殊的管理。自1984年我国颁布第一部药品管理的专门法律《中华人民共和国药品管理法》后,迄今为止已经发布了100多部药品管理行政法规和规范性文件,初步形成了一套比较完整的药品管理的法律、法规系统。2001年2月28日九届全国人大常委会第20次会议审议通过了修订的《药品管理法》,自2001年12月1日起施行。国务院颁布的《中华人民共和国药品管理法实施条例》,自2002年9月15日起施行。

(二)药品管理法的适用范围

药品管理法规定,凡在中华人民共和国境内从事药品的研制、生产、经营、使用和监督管理的单位或者个人,都必须遵守药品管理法。

对药品生产,主要规范了从事药品生产活动应当具备的条件和资格;对药品经营,主要体现在药品检查验收制度、购销记录、购销渠道的管理;对药品的监督管理,药品管理法不仅规定了药品监督管理部门的行政执法权利,还规定了药品监督管理部门必须依法行使行政管理职责,以便有效地进行行政管理,维护社会秩序和公共利益。

二、药品标准

药品标准是国家对药品质量规格及检验方法所做的技术规定,是药品生产、供应、使用、检验的管理部门必须遵守的法定依据。

(一)制定药品标准的原则

合格的药品应有肯定的疗效,尽量小的不良反应。制定药品标准必须坚持质量第一,充分体现“安全有效,技术先进,经济合理”的原则。

(二)药品标准的内容

药品标准的内容一般包括:名称、成分或处方组成;含量及其检查、检验方法;制剂的辅料;允许的杂质及其限量、限度;技术要求,以及作用、用途、用量;注意事项;储藏方法;包装等。国家药品标准包括《中华人民共和国药典》和国家食品药品监督管理总局颁布的药品标准。

第二节 药品管理

为了保证药品质量和人体用药安全有效,促进我国医药卫生事业的健康发展,国家对药品生产企业、药品经营企业和医疗机构药剂的管理等都做出了具体的规定。

一、药品生产管理

(一)药品生产企业的管理

1. 开办药品生产企业的条件　药品生产企业是指生产药品的专营企业或者兼营企业,开办药品生产企业必须具备以下条件。

(1)具有依法经过资格认定的药学技术人员、工程技术人员及相应的技术工人。

(2)具有与其药品生产相适应的厂房、设施和卫生环境。

(3)具有能对所生产药品进行质量管理和质量检验的机构、人员以及必要的仪器设备。

(4)具有保证药品质量的规章制度。

重点提示

开办药品生产企业,须经企业所在地省、自治区、直辖市人民政府药品监督管理部门批准并发给《药品生产许可证》,凭证到工商行政管理部门办理登记注册。许可证的有效期为 5 年,到期重新审查发证。

2. 药品生产管理的法律规定　药品必须按照国家药品标准和国务院药品监督管理部门批准的生产工艺进行生产,所需原料、辅料,必须符合药用要求。药品生产企业必须对其生产的药品进行质量检验,不符合国家药品标准或者不按照省级药品监督管理部门制定的中药饮片炮制规范炮制的不得出厂。

(二)新药研制和生产的管理

新药是指在我国未曾生产上市销售的药品,已生产上市的药品改变剂型、改变给药途径的,亦按新药管理。

研制新药必须如实报送研制方法、质量指数、药理及毒理结果等,经批准后方可进行临床试验。通过临床试验的新药,经国家食品药品监督管理总局批准并发给新药证书。拥有新药证书的单位在 2 年内无特殊理由既不生产亦不转让者,国家将中止对该新药的保护。

生产新药或者生产已有国家标准的药品,必须经国家食品药品监督管理总局批准,并发给批准文号。新药试用生产期满,生产单位应提前 3 个月提出转为正式生产申请,否则将取消其试生产批准文号。

二、药品经营管理

(一)经营企业的管理

1. 开办药品经营企业的条件　药品经营企业是指经营药品的专营企业或者兼营企业,其开办必须具备以下条件。

(1)具有依法经过资格认定的药学技术人员。

(2)具有与所经营药品相适应的营业场所、设备、仓储设施、卫生环境。

(3)具有与所经营药品相适应的质量管理机构或者人员。

(4)具有保证所经营药品质量的规章制度。

开办药品批发企业,须经所在地省、自治区、直辖市人民政府药品监督管理部门批准并发给《药品经营许可证》；开办药品零售企业，须经所在地县级以上地方药品监督管理部门批准并发给《药品经营许可证》，凭证到工商行政管理部门办理登记注册。《药品经营许可证》有效期为5年，期满前6个月申请换发。

2. 药品经营管理的法律规定 药品经营企业购进药品，必须建立并执行进货检查验收制度，验明药品合格证明和其他标识。销售药品必须正确说明用法、用量和注意事项；调配处方必须经过核对，不得擅自更改或者代用。对有配伍禁忌或者超剂量的处方，应当拒绝调配。

(二)进出口药品的管理

1. 药品进口管理 药品进口，须经国家食品药品监督管理总局组织审查，经审查确认符合质量标准、安全有效的方可批准进口，并发给进口药品注册证书。

对已批准进口的药品，应当组织调查，对疗效不确定、不良反应大或者其他原因危害人体健康的药品，应当撤销进口药品注册证书。已被撤销进口药品注册证书的药品不得进口、销售或使用，已经进口的由当地药品监督管理部门监督销毁或者处理。

2. 药品出口管理 凡我国制造销售的药品，经省级食品药品监督管理部门审核批准后，根据国外药商需要出具有关证明办理出口手续。未经批准不得组织药品出口。对国内供应不足的药品，国务院有权限制或者禁止出口。出口麻醉药品和国家规定的精神药品等特殊管理药品，必须持有国家食品药品监督管理总局发给的《出口准许证》。

(三)处方药和非处方药的管理

处方药与非处方药分类管理是根据药品安全有效、使用方便的原则，按其品种、规格、适应性、剂量及给药途径的不同，将药品分别按处方药和非处方药进行管理。处方药必须凭执业医师或执业助理医师处方才可配调、购买和使用的药品；非处方药不需要凭执业医师或执业助理医师处方即可自行判断、购买和使用的药品。

三、医疗机构药剂管理

医疗机构的药剂管理是根据临床需要采购药品、自制制剂、储存药品、分发药品，进行药品的质量管理和经济管理。

(一)医疗机构制剂管理

1. 医疗机构制剂管理条件

(1)必须配备依法经过资格认定的药学技术人员。

(2)必须具有能够保证制剂质量的设施、管理制度、检验仪器和卫生条件。

(3)必须经过所在地省级人民政府卫生行政部门审核同意，由同级药品监督管理部门批准，取得《医疗机构制剂许可证》。该证有效期为5年，期满前6个月申请换发。

重点提示

医疗机构配制制剂是医疗机构根据本单位需要经批准而配制自用的固定处方制剂。

2. 医疗机构制剂管理范围

(1)临床常用而疗效确切的协定处方制剂。

(2)临床科研的处方制剂。

(3)医药部门无供应或供应不足的制剂。

3. 医疗机构药剂管理的法律规定

(1) 医疗机构配制的制剂，应当是本单位临床需要而市场上没有供应的品种，并须经所在地省级人民政府药品监督管理部门批准后方可配制。

(2) 医疗机构购进药品，必须建立并执行进货检查验收制度，验明药品合格证明和其他标识；不符合规定要求的，不得购进和使用。

(3) 医疗机构的药剂人员调配处方，必须经过核对，对处方所列药品不得擅自更改或者代用。对有配伍禁忌或者超剂量的处方，应当拒绝调配；必要时，经处方医师更正或者重新签字，方可调配。

(4) 医疗机构必须制定和执行药品保管制度，采取必要的冷藏、防冻、防潮、防虫、防鼠等措施，保证药品质量。

(二) 特殊药品的管理

特殊药品包括麻醉药品、精神药品、医疗用毒性药品和放射性药品。这些药品若使用不当，会对社会和人体健康造成严重危害。因此，国家对这些药品实行特殊管理。《麻醉药品和精神药品管理条例》(国务院，2005 年 11 月 1 日)、《放射性药品管理办法》(国务院，1989 年 1 月 13 日)、《医疗用毒性药品管理办法》(国务院，1988 年 12 月 27 日) 等对此做了明确规定。

1. 麻醉药品管理　麻醉药品是指连续使用后易产生生理依赖性，能成瘾癖的药品，包括：阿片类、可卡因类、大麻类、合成麻醉药类及卫生部指定的其他易成瘾的药品、药用原植物及其制剂。

具有相应资格的医疗机构和计划生育服务机构使用麻醉药品时需获得批准，开具麻醉药品处方的医务人员必须具备执业医师资格，经省级卫生行政部门考核合格并能正确使用麻醉药品，授予麻醉药品处方权。麻醉药品要有专人负责管理，专库 (柜) 使用双锁，专用账册登记，做到账物相符。

开具麻醉药品应使用专用处方，每张处方限量必须遵守国家规定并保存 3 年备查。

2. 精神药品管理　精神药品是指作用于中枢神经系统，使之兴奋或抑制，具有依赖性潜力，不合理使用能产生依赖性的药品。

重点提示

麻醉药品及精神药品都只限用于医疗、教学和科研需要。

(三) 假药、劣药的管理

生产和销售假药、劣药会造成危害人们生命和身体健康的严重后果，并破坏国家的管理秩序，因此，国家禁止生产和销售假药、劣药。

假药是指药品所含成分与国家药品标准规定的成分不符的，以非药品冒充药品或者以他种药品冒充此种药品的。《药品管理法》规定，有下列情形之一的药品，按假药论处：国务院药品监督管理部门规定禁止使用的；依法必须批准而未经批准生产、进口，或者依法必须检验而未经检验即销售的；变质的；被污染的；使用依法必须取得批准文号而未取得批准文号的原料药生产的；所标明的适应证或者功能主治超出规定范围的。

劣药是指药品成分的含量不符合国家药品标准的。有下列情形之一的药品，按劣药论处：未标明有效期或者更改有效期的；不注明或者更改生产批号的；超过有效期的；直接接触药品的包装材料和容器未经批准的；擅自添加着色剂、防腐剂、香料、矫味剂及辅料的；其他不符合药品标准规定的。

此外,药品管理法对药品包装、价格与广告管理做出明确规定,对药品监督管理部门和药品检验机构在药品管理工作中应负的责任、权利与义务也进行了规定。

第三节　违反药品管理法律制度的责任

任何单位、组织和个人,凡违反药品管理法律制度的行为都应承担相应的法律责任。药品管理法律责任包括行政责任、民事责任和刑事责任。

一、行 政 责 任

行政责任的内容包括行政处分和行政处罚。行政处分是指在当前药品管理中国家监督管理部门及各种药品生产、经营企事业组织对所属工作人员或职工进行的处分,种类有:警告、记过、记大过、降职、撤职、开除留用、开除公职。行政处罚是指县以上药品监督及工商管理部门对单位、个人违反药品法规所进行的处罚。其主要形式有:警告、罚款、没收药品和违法所得、停产、停业整顿、吊销许可证或资格等。

二、民 事 责 任

民事责任是因药品不合格,是假药或劣药因而发生药品中毒事故等给他人的人身造成伤害时,药品的生产者、经营者以及药品检验机构应当承担的损害赔偿责任。

三、刑 事 责 任

刑事责任是指违反药品管理法规定,情节严重,构成犯罪时所应承担的法律责任。

生产、销售假药,足以严重危害人体健康的,处 3 年以下有期徒刑或者拘役,并处或者单处销售金额 50%以上 2 倍以下罚金;对人体健康造成严重危害的,处 3 年以上 10 年以下有期徒刑,并处销售金额 50%以上 2 倍以下罚金;致人死亡或者对人体健康造成特别严重危害的,处 10 年以上有期徒刑、无期徒刑或者死刑,并处销售金额 50%以上 2 倍以下罚金或者没收财产。

讨论与思考

某药厂在生产“亮菌甲素注射液”的过程中,检验员错误地将“二甘醇”当作“丙二醇”使用,并在投入市场前未经过检验,造成 9 人死亡。食品药品监督管理局做出了吊销该药厂《药品生产许可证》的决定。

请分析

1. 该药厂造成此结果的原因是什么?
2. 应该由谁承担此次事件的责任?

（刘志霞　段秋凤）

第12章

食品安全法律制度

学习要点

1. 食品安全、食品安全标准的概念
2. 食品安全法的适用范围
3. 食品安全监督管理措施
4. 食品行业从业人员健康检查制度
5. 学校食堂管理的各项卫生要求

案例分析

2012年4月初,"焦点访谈""东方时空"以《白净的"黑"鸭子》(松香鸭)为题,对湖南长沙杨家山禽畜批发市场用工业松香煺鸭毛现象进行曝光。工业松香内含有铅等有毒物质,对皮肤具有刺激性,可引起皮肤血疹及疱疹等症状。而工业松香在被用来加工鸭子时,通过热胀的鸭子毛孔渗入鸭子体内,并会附着在鸭嘴角、鸭翅膀等隐蔽处,人食用后会导致铅中毒,不仅损害肝肾,甚至会致癌。

请分析

1. "松香鸭"是否符合食品安全标准?
2. 应如何进行食品安全的生产和监督管理?

"民以食为天",饮食是人类社会生存发展的第一需要。食品安全关系着人民的生命健康和切身利益,关系着社会的稳定发展,务必高度重视。随着经济的高速发展,生活水平的不断提高,人们对食品安全的要求逐步升高。

第一节　食品安全法律制度概述

食品安全法律制度是为了防止、控制和消除食品污染以及食品中有害因素对人体的危害,预防和减少食源性疾病的发生,保证食品安全,保障人民群众生命安全和身体健康而制定的。

一、食品、食品安全的概念

食品指各种供人食用或者饮用的成品和原料以及按照传统既是食品又是药品的物品，但不包括以治疗为目的的药品。

食品安全，指食品无毒、无害，符合应当有的营养要求，对人体健康不造成任何急性、亚急性或者慢性危害。

食品安全法是调整在保障食品安全过程中发生的社会关系的法律规范的总称。

食品安全标准是为了对食品生产、加工、流通和消费（即“从农田到餐桌”）食品链全过程中影响食品安全和质量的各种要素以及关键环节进行控制和管理，经协调一致制定并由公认机构批准，共同使用的和重复使用的一种规范性文件。

二、食品安全法律制度和适用范围

（一）食品安全法律制度建设

《中华人民共和国食品安全法》于 2009 年 6 月 1 日颁布施行，《食品安全法实施条件》于 2009 年 7 月 20 日公布施行，凡在中华人民共和国领域内从事食品生产经营的都必须遵守。

国家卫生和计划生育委员会承担食品安全综合协调职责，国务院质量监督、工商行政管理和国家食品药品监督管理部门依照《食品安全法》和国务院规定的职责，分别对食品生产、食品流通、餐饮服务活动实施监督管理。

（二）食品安全法的适用范围

1. *食品的生产经营活动*

（1）食品生产和加工，食品流通和餐饮服务。

（2）食品添加剂的生产经营。

（3）用于食品的包装材料、容器、洗涤剂、消毒剂和用于食品生产经营的工具、设备的生产经营。

（4）食品生产经营者使用食品添加剂、食品相关产品。

（5）对食品、食品添加剂和食品相关产品的安全管理。

供食用的源于农业的初级产品的质量安全管理，遵守《中华人民共和国农产品质量安全法》的规定。

2. *食品从业人员*　食品生产经营企业应当建立健全本单位的食品安全管理制度，包括职工参加食品安全知识培训制度、从业人员健康检查制度和健康档案制度，加强食品安全的生产经营、检验督查工作。

第二节　食品安全生产和监督管理法律制度

一、食品生产经营管理的法律规定

（一）食品生产经营过程的法律规定

1. *食品生产经营许可*　含食品生产经营、食品添加剂生产，新的食品原料、食品添加剂新品种、食品相关产品新品种生产，需要先做风险评估后办理生产许可。

未经许可,任何单位或者个人不得从事食品生产经营活动。

2. *禁止生产经营的食品*　①用非食品原料生产的食品、有食品添加剂以外的化学物质的食品、危害健康的食品、用回收食品作为原料生产的食品;②含致病性微生物、农药残留、兽药残留、重金属、污染物质的食品、被包装材料、容器、运输工具等污染的食品;③营养成分不符合食品安全标准的婴幼儿和其他特定群体的主辅食品;④腐败变质不洁或者感官性状异常食品、超过保质期的食品、无标签的预包装食品、病死毒死或者死因不明的动物肉类或肉类的制品;⑤未经动物卫生监督机构检疫或者检疫不合格的肉类以及肉类制品、国家为防病等特殊需要明令禁止生产经营的食品;⑥其他不符合食品安全标准或要求的食品。

3. *食品召回制度*　食品生产企业为预防或防止受污染的食品、劣质食品或贴错标签食品对消费者造成潜在的不影响或危害所采取的矫正措施。

食品召回决定由食品生产企业管理层做出。如果食品企业不自愿召回不安全的食品,政府管理部门可以要求食品企业或公司召回;如食品企业或公司拒绝执行,政府部门可依法采取强制措施。

(二)食品安全标准法律规定

1. *食品安全标准*　食品安全标准是对食品中具有与人类健康相关的质量要求和技术要求及其检验方法、评价程序等所做的规定。

国家卫生和计划生育委员会负责组织开展食品安全风险监测、评估,依法制定并公布食品安全标准,负责食品、食品添加剂及相关产品新原料、新品种的安全性审查。

2. *食品安全标准的内容*

(1)食品、食品相关产品中的致病性微生物、农药残留、兽药残留、重金属、污染物质以及其他危害人体健康物质的限量规定。

(2)食品添加剂的品种、使用范围、用量。

(3)专供婴幼儿的主辅食品的营养成分要求。

(4)对与食品安全、营养有关的标签、标识、说明书的要求。

(5)食品生产经营过程的卫生要求。

(6)与食品安全有关的质量要求。

(7)食品检验方法与规程。

(8)其他需要制定为食品安全标准的。

3. *食品安全的国家标准、地方标准和企业标准*

(1)国家标准:国家卫生和计划生育委员会负责制定、公布食品安全国家标准,国务院标准化行政部门提供国家标准编号;食品安全国家标准应当经食品安全国家标准审评委员会审查通过;食品安全标准应当供公众免费查阅。

(2)地方标准:没有食品安全国家标准的,可以制定食品安全地方标准。

(3)企业标准:企业生产的食品没有食品安全国家标准或者地方标准的,应当制定企业标准,作为组织生产的依据。国家鼓励食品生产企业制定严于食品安全国家标准或者地方标准的企业标准。企业标准应当报省级卫生行政部门备案,在本企业内部适用。

二、食品安全监督管理的法律规定

(一)食品安全年度监督管理

县级以上地方人民政府相关部门制定本行政区域的食品安全年度监督管理计划,并按照年度计划组织开展工作。年度监督管理计划包含食品抽样检验,重点加强专供婴幼儿、老年人、病人等特定人群的主辅食品的抽样检验。

(二)食品安全监督管理措施

1. 现场检查　县级以上质量监督、工商行政管理、食品药品监督管理部门有权进入食品生产经营场所实施现场检查,检查食品生产经营者是否按照食品安全法对食品生产经营的要求进行生产经营活动,被检查单位不得拒绝、阻挠。否则,可以依照治安管理处罚法的有关规定给予治安处罚;构成犯罪的,可以依照刑法的有关规定追究刑事责任。但另一方面,食品安全监督管理部门进入食品生产经营场所,也应当遵循一定的程序,避免影响生产经营者合法、正常的生产经营活动。

2. 抽样检验　县级以上质量监督、工商行政管理、食品药品监督管理部门进行食品安全监督管理,有权对生产经营的食品进行抽样检验。食品监督管理部门实施抽样检验做出明确规定:一是不得实施免检,应当进行定期或者不定期的抽样检验;二是应当购买抽取的样品;三是不得收取检验费或者其他费用;四是应当委托符合食品安全法规定的食品检验机构进行检验,并支付相关费用;五是对检验结论有异议的,可以依法进行复检。

3. 查阅、复制有关资料　县级以上质量监督、工商行政管理、食品药品监督管理部门进行食品安全监督管理,有权查阅、复制与食品安全有关的合同、票据、账簿及其他有关资料,被检查的单位或者个人必须如实提供,不得拒绝、转移、销毁有关文件和资料,不得提供虚假的文件和资料。同时,执行该项措施的食品安全监督管理部门,不得滥用权力,查阅、复制与食品安全监督检查无关的信息,并且应当依法对因此获知的信息进行保密,非因法定原因,不得泄露。

4. 查封、扣押有关物品　查封是指食品安全监督管理部门以张贴封条或其他必要措施,将不符合食品安全标准的食品,违法使用的食品原料、食品添加剂、食品相关产品,以及用于违法生产经营或者被污染的工具、设备封存起来,未经查封部门许可,任何单位和个人不得启封、动用。扣押是指食品安全监督管理部门将上述物品运到另外的场所予以扣留。规定此项强制措施的目的,一是可以防止这些不安全食品流入市场,危害公众安全;二是可以为进一步查处违法生产经营不安全食品行为保留证据。

5. 查封有关场所　县级以上质量监督、工商行政管理、食品药品监督管理部门进行食品安全监督检查时,有权对违法从事食品生产经营活动的场所进行查封。需要注意的是,查封、扣押是对食品生产经营者财产权的限制,对食品生产经营者的权利影响较大。

重点提示

国务院质量监督、工商行政管理和国家食品药品监督管理部门依照食品安全法和国务院规定的职责,分别对食品生产、食品流通、餐饮服务活动实施监督管理。

(三)食品安全信息统一公布

对食品安全总体情况、食品安全风险评估信息和食品安全风险警示信息、重大食品安全事故及其处理信息及其他重要的食品安全信息由国务院统一公布。

(四)食品行业从业人员健康检查制度

为加强从业人员健康检查管理,保障消费者消费安全,根据《食品安全法》《食品安全法实施条例》等法律、法规规定,制定制度。

1. 建立并执行从业人员健康管理制度。患有痢疾、伤害、病毒性肝炎等消化道传染病的人员,以及患有活动性肺结核、化脓性或者渗出性皮肤病等有碍食品安全的疾病的人员,不得从事接触直接入口食品的工作。

2. 食品从业人员每年必须进行健康检查。新参加工作和临时参加工作的食堂从业人员必须先进行健康检查,取得健康证明后方可参加工作上岗位操作。

3. 从业人员体检合格证明应随身携带,以备检查从业人员健康检查。合格证不得涂改,过期、笔迹不清无效。

4. 从业人员出现咳嗽、腹泻、发热等有碍于食品卫生的病症时,应立即脱离工作岗位,待查明病因、排除病症或治愈后,方可重新上岗。

5. 从业人员必须具有良好的卫生习惯

(1)工作前、处理食品原料后、便后用肥皂及流动清水洗手;接触直接入口食品之前应洗手消毒。

(2)穿戴清洁的工作衣、帽,并把头发置于帽内。

(3)不得留长指甲、涂指甲油、戴戒指加工食品。

(4)不得在食品加工和销售场所内吸烟。

重点提示

食品行业从业人员必须定期进行体检,每 12 个月体检 1 次,并建立从业人员健康档案。

三、食物中毒和食品污染的处理规定

(一)食物中毒和食品污染的含义和法律规定

食物中毒是指食用了被生物性、化学性有毒有害物质污染的食品或者食用了含有毒有害物质的食品后出现的急性、亚急性食源性疾病。

食品污染是指食品及其原料在生产和加工过程中,因农药、废水、污水各种食品添加剂及病虫害和家畜疫病所引起的污染,以及真菌毒素引起的食品霉变,运输、包装材料中有毒物质和多氯联苯、苯并芘所造成的污染的总称。

为了及时处理和控制食物中毒事故,保障人民身体健康,依据食品安全的法律规定,国家卫生部制定了《食物中毒事故处理办法》,自 2000 年 1 月 1 日起施行。

(二)食物中毒和食品污染事故报告

县级以上地方人民政府卫生行政部门主管食物中毒事故的监督管理、调查处理工作。

1. 食物中毒事故报告

(1)调查小组接到疑似食物中毒事件的报告时,必须询问并详细记录下列内容:食物中毒事故发生单位名称、地址;发病时间、进餐人数、中毒人数、死亡人数、可疑食品、中毒表现、就诊或所处地点;报告人姓名、工作单位、联系地址和联系电话。

(2)通知报告人保护现场,留存病人粪便、呕吐物、可疑中毒食物及盛装可疑中毒食物的容器(未清洗)。

(3)现场调查结束后,调查小组组长应立即和卫生监督所的有关人员协调,尽快将行政报告和《食物中毒事故报告登记表》上报有关领导。

2. 食品污染事故报告

(1)通过询问调查,详细记录报告单位、报告人、联系人、联系地址和联系电话、受污染食品名称、污染食品的数量、存放地点及有无食物中毒等基本情况。

(2)通知报告人保护现场,停止可疑场所一切食品的进出库,禁止无关人员进入现场。

(3)将疑似食品污染事故的情况向值班领导报告。

(三)食物中毒和食物污染处理措施

1. 食物中毒处理措施　县级以上地方人民政府卫生行政部门在接到食物中毒或者疑似食物中毒事故报告后,应当采取下列措施。

(1)组织卫生机构对中毒人员进行救治。

(2)对可疑中毒食物及其有关工具、设备和现场采取临时控制措施。

(3)组织调查小组进行现场卫生学和流行病学调查,填写《食物中毒事故个案调查登记表》和《食物中毒事故调查报告表》,撰写调查报告,并按规定报告有关部门。

2. 食品污染处理措施　处理的依据是食品卫生法规及食品卫生标准。

(1)正常食用:经鉴定该污染物无毒物质,该批污染食品可食用。

(2)有条件食用:即需经一定方法处理或在一定条件下可以食用。

(3)改作他用或销毁:经鉴定该污染物为有毒物质,又无适当方法去除污染物时,应禁止食用该批食品,可以作为非仪器工业原料或销毁。

第三节　学校食堂和学生集体用餐卫生管理规定

学校是学生的聚集地,属于人员密集型场所。为加强学校卫生工作,防止学校食物中毒或者其他食源性疾病事故的发生,保障师生员工身体健康,1990 年 6 月 4 日国家教委、卫生部联合发布实施了《学校卫生工作条例》,1996 年 8 月 27 日卫生部发布实施了《学生集体用餐卫生监督办法》,2002 年 11 月 1 日国家教育部和卫生部联合发布实施了《学校食堂与学生集体用餐卫生管理规定》。

一、学生集体用餐的含义和分类

(一)学生集体用餐的含义

学生集体用餐系指集中供应中小学校、中等专科学校、技工学校(统称中小学校)学生,以供学生用餐为目的而配制的膳食和食品。

(二)学生集体用餐的分类

学生集体用餐包括学生普通餐、学生营养餐和学生课间餐。

(1)学生普通餐:符合食品卫生要求,适合学生需要量的膳食。

(2)学生营养餐:以保证学生生长发育为目的,根据营养要求而配制的膳食。

(3)学生课间餐:为补充学生课间需要而制作的食品。

二、学生集体用餐卫生管理的责任主体和工作原则

(一)学生集体用餐卫生管理的责任主体

国务院卫生行政部门主管全国学生集体用餐的卫生监督管理工作。参加学生集体用餐的学校负责学校内的组织供应中的卫生管理工作。

(二)学生集体用餐卫生管理的工作原则

学校食堂与学生集体用餐的卫生管理必须坚持预防为主的工作方针,实行卫生行政部门监督指导、教育行政部门管理督查、学校具体实施的工作原则。

三、学校食堂管理的卫生要求

(一)食堂建筑、设备与环境卫生要求

1. 食堂应当保持内外环境整洁,采取有效措施,消除老鼠、苍蝇和其他有害昆虫及其滋生条件。

2. 配备有足够的照明、通风、排烟装置和有效的防蝇、防尘、防鼠、污水排放和符合卫生要求的存放废弃物的设施和设备。

3. 餐饮具使用前必须洗净、消毒,符合国家有关卫生标准。未经消毒的餐饮具不得使用。禁止重复使用一次性使用的餐饮具。消毒后的餐饮具须贮存在餐饮具专用保洁柜内备用。已消毒和未消毒的餐饮具应分开存放,并在餐饮具贮存柜上有明显标记。餐饮具保洁柜应定期清洗、保持洁净。

4. 所使用的餐饮具洗涤、消毒剂必须符合卫生标准或要求。洗涤、消毒剂必须有固定的存放场所(橱柜),并有明显的标记。

(二)食品采购、贮存及加工的卫生要求

1. *食品的采购*　食堂采购员必须到持有卫生许可证的经营单位采购食品,并按照国家有关规定进行索证;应相对固定食品采购的场所,以保证其质量。禁止采购以下食品。

(1)腐败变质、油脂酸败、霉变、生虫、污秽不洁、混有异物或者其他感官性状异常,含有毒有害物质或者被有毒、有害物质污染,可能对人体健康有害的食品。

(2)未经卫生检验或者检验不合格的肉类及其制品。

(3)超过保质期限或不符合食品标签规定的定型包装食品。

(4)其他不符合食品卫生标准和要求的食品。

2. *食品贮存*　食品贮存应当分类、分架、隔墙、离地存放,定期检查、及时处理变质或超过保质期限的食品。食品贮存场所禁止存放有毒、有害物品及个人生活物品。用于保存食品的冷藏设备,必须贴有标志,生食品、半成品和熟食品应分柜存放。

3. *炊具的使用*　用于原料、半成品、成品的刀、墩、板、桶、盆、筐、抹布,以及其他工具、容器必须标志明显,做到分开使用,定位存放,用后洗净,保持清洁。

4. *食品原料*　食堂炊事员必须采用新鲜洁净的原料制作食品,不得加工或使用腐败变质和感官性状异常的食品及其原料。

5. *食品加工*　必须做到熟透,需要熟制加工的大块食品,其中心温度不低于 70℃。加工后的熟制品应当与食品原料或半成品分开存放,半成品应当与食品原料分开存放,防止交叉污染。食品不得接触有毒物、不洁物。不得向学生出售腐败变质或者感官性状异常,可能影响学

生健康的食物。

6. 食品出售　在烹饪后至出售前一般不超过2个小时。

7. 食品贮藏　食堂剩余食品必须冷藏,冷藏时间不得超过24个小时,在确认没有变质的情况下,必须经高温彻底加热后,方可继续出售。

讨论与思考

某学校食堂在进行蔬菜清洗时,由于员工责任心不强,未按照操作要求反复冲洗,蔬菜叶面明显不净,造成学校多名学生食物致病事件,抢救后脱离生命危险。经检查,该食堂饭菜所含大肠埃希菌严重超标。

请分析

1. 该食堂是否符合学校食堂管理的卫生要求?为什么?
2. 调查小组在接到此次事故报告后应如何处理?
3. 该食堂应对此次事件应做出什么相应的改进?

(刘志霞　段秋凤)

第13章

妇儿健康权益保护与母婴保健技术服务法律制度

学习要点

1. 妇女健康保障的策略措施
2. 儿童健康保障的策略措施
3. 母婴保健法的适用范围
4. 开展母婴保健技术服务的条件和资格
5. 母婴保健技术服务的内容

案例分析

某镇卫生院妇产科医生李某未经批准在家中私设诊所，2003年某日晚，李某在家中为孕妇杜某接生。杜某产后大出血不止，李某虽采取措施，但病情未得到有效控制，至凌晨二时许，李某陪同杜某到县医院救治。但县医院因医疗条件所限，使杜某不得不再转送市第四人民医院住院治疗，期间其子宫被切除，构成七级伤残。杜某认为子宫被切除是由于李某在接生过程中技术处理不当，大出血后没有及时抢救所造成的，遂向法院起诉要求李某和镇卫生院赔偿损失5万余元。经医学会鉴定认为：①患者在李某家中分娩，无任何记录及相关资料可供参考，根据病情分析，患者系产后大出血诊断成立。②李某家中不具备抢救设施，无法进行及时的救治，使杜某丧失了最佳治疗时机，这是导致其子宫切除的原因之一。

请分析

1. 李某在家中为杜某接生的行为是否合法？为什么？（开展母婴保健技术服务的医疗机构和人员应具备怎样的资格条件？）
2. 法律法规对分娩接生的规定是什么？
3. 本案的法律责任应该怎样承担？

维护、保障妇女儿童的健康权益是全世界共同关心的社会问题，我国的《宪法》、《婚姻法》《妇女权益保障法》、《未成年人保护法》等法律中均规定了保护妇女儿童权益的专门条款。1995年6月1日，《母婴保健法》的正式实施，标志着我国妇幼卫生工作进入法制化管理阶段。

《女职工劳动保护特别规定》《中国的医疗卫生事业(2012年白皮书)》《中国妇女发展纲要(2011-2020年)》《中国儿童发展纲要(2011-2020年)》《健康中国2020战略研究报告》等系列法规政策的颁布实施,把妇女儿童健康纳入国民经济和社会发展规划,作为优先发展的领域之一。这些法律、法规、规章和政策构成了我国妇儿健康权益保护与母婴卫生保健服务的法律体系,对发展我国妇幼卫生事业,保障妇女儿童健康权益,提高人口出生素质,促进家庭幸福、社会和谐可起到积极作用。

第一节　妇儿健康权益保护法律制度

妇女是经济社会发展的重要力量,要让妇女在整个生命周期享有良好的基本医疗卫生服务,延长妇女的人均预期寿命;儿童是社会可持续发展的重要资源,完善覆盖城乡儿童的基本医疗卫生制度,提高儿童身心健康水平。这是体现在两个《发展纲要》中的保障妇女儿童健康权益的基本原则和发展目标。

一、妇女健康保障策略措施

(一)健全妇幼卫生服务体系

以妇幼保健专业机构为核心,以城乡基层医疗卫生机构为基础,以大中型综合医疗机构和相关科研教学机构为技术支持,建立健全妇幼卫生体系,为妇女儿童提供全方位的医疗保健服务。加强县、乡、村三级妇幼卫生服务网络建设,完善基层妇幼卫生服务体系。

(二)提高妇女生殖保健服务水平

针对妇女生理心理特点,普及优生优育、生殖健康知识,开展青春期、婚前期、育龄期、孕产期、更年期和老年期妇女生殖保健服务,提高妇女自我保健意识和能力,有针对性地解决妇女特殊生理时期的健康问题。

(三)保障孕产妇安全分娩

加强基层医疗保健机构产科建设和人员培训,为孕产妇提供必要的心理指导和健康教育,提高产科服务质量和孕产妇卫生保健水平。加强孕产妇系统管理,控制孕产妇死亡率,健全孕产妇医疗急救网络。

重点提示

《健康中国2020战略研究报告》指出:国民主要健康指标进一步改善,到2020年,人均预期寿命达到77岁,5岁以下儿童死亡率下降到13‰,孕产妇死亡率降低到20/10万。

(四)加大妇女常见病防治力度

建立妇女常见病定期筛查制度,扩大宫颈癌、乳腺癌检查覆盖范围,提高诊治能力和早诊早治率,降低死亡率。

(五)预防和控制艾滋病、性病传播

完善艾滋病和性病防治工作机制,将艾滋病、梅毒、乙肝等母婴传播阻断纳入妇幼保健日常工作,加强预防母婴传播综合服务和干预措施。

(六)完善生育保障制度

国家推行生育保险制度,以城镇居民基本医疗保险、新型农村合作医疗制度为依托,完善

城乡生育保障制度，保障妇女享有避孕节育的计划生育优质服务。

重点提示

加强女职工劳动保护，减少女职工职业病的发生，保障女职工孕产假期间的休息权利和经济权利，是保障和维护妇女健康权益的重要前提。

二、儿童健康保障策略措施

（一）加强儿童保健服务和管理

保障儿童享有基本医疗卫生服务，推进儿童医疗保健科室标准化建设，开展新生儿保健、生长发育监测、营养与喂养指导、早期综合发展、心理行为发育评估与指导等服务。

（二）完善出生缺陷防治体系

落实出生缺陷三级防治措施。加强婚前医学检查知识宣传，规范检查项目，改进服务模式，提高婚前医学检查率，预防出生缺陷的发生。建立健全产前诊断网络，提高孕期出生缺陷发现率，避免严重缺陷儿的出生。开展新生儿疾病筛查、诊断和治疗，提高确诊病例治疗率和康复率，减少出生缺陷所致残疾。

（三）加强儿童疾病防治

普及儿童健康基本知识，规范预防接种行为、儿科诊疗行为，完善儿童用药目录。控制儿童常见疾病和艾滋病、梅毒、结核病、乙肝等重大传染性疾病，降低乃至消除新生儿破伤风发病率，降低儿童心理行为问题发生率和儿童精神疾病患病率。

（四）提高儿童身体素质和心理健康

完善和落实支持母乳喂养的相关政策，积极推行母乳喂养，预防和治疗营养不良、贫血、肥胖等儿童营养性疾病，加强食物安全和环境污染对儿童健康损害的早期干预，改善儿童营养状况；构建儿童心理健康公共服务网络，儿童医院、妇幼保健机构设儿童心理科（门诊），配备专科医师，创造有益于儿童身心健康的卫生保障和服务环境。

重点提示

提高儿童身体素质还要全面实施国家学生体质健康标准，合理安排学生学习、休息和娱乐时间，完善并落实学生健康体检制度和体质监测制度。这需要社会、学校、家庭的共同努力。

（五）提高儿童医疗救助水平

提高儿童基本医疗保障覆盖率和保障水平，加大对大病儿童和贫困家庭儿童的医疗救助。建立完善残疾儿童康复救助制度和服务体系，优先开展残疾儿童抢救性治疗和康复，提高残疾儿童康复机构服务专业化水平。

第二节　母婴保健技术服务法律制度

国家实行婚前保健、孕产期保健制度，普及优生优育、生殖健康知识，发展母婴保健事业。《母婴保健法》是我国第一部保护妇女儿童健康、从事母婴保健工作的基本法律，是宪法对妇女、儿童保护原则的具体化，是我国妇幼卫生史上的一个里程碑。2012 年 8 月，国家卫生部发布《健康中国 2020 战略研究报告》，指出要通过推广婚前医学检查、普及生殖保健服务、提供出生缺陷防治服务、提高孕产妇孕期保健和住院分娩比例、提供 7 岁以下儿童免费保健服务等措施，降低出生缺陷、确保母婴平安、提高妇女儿童生命质量和健康水平。

一、母婴保健法的概念和适用范围

（一）母婴保健法的概念

母婴保健法是调整保障母亲和婴儿健康，提高出生人口素质活动中产生的各种社会关系的法律规范的总称，包括《中华人民共和国母婴保健法》《中华人民共和国母婴保健法实施办法》及相关的法律规范性文件。

（二）母婴保健法的适用范围

母婴保健法的调整对象既包括从事母婴保健服务的机构及其工作人员，也包括母婴保健服务的对象和当事人。

1. 受母婴保健法保护的育龄妇女、孕产妇和新生儿　主要是引导她们主动按医疗保健人员的建议自觉地接受婚前保健、孕产妇保健服务。

2. 医疗保健机构及其工作人员　母婴保健法规定了医务人员的任务、职责、职能及应承担的法律责任。

3. 地方各级人民政府和卫生行政部门　母婴保健法明确规定各级人民政府在母婴保健工作中的领导职责，确立了各级卫生行政部门是执法的管理机构。

（三）母婴保健工作方针

母婴保健工作以保健为中心，以保障生殖健康为目的，实行保健和临床相结合，面向群体、面向基层和预防为主的方针。

二、母婴保健技术服务机构和人员

母婴保健法明确规定医疗保健机构要开展婚前医学检查、遗传病诊断、产前诊断，以及施行结扎手术和终止妊娠手术，必须符合国务院卫生行政部门规定的条件和技术标准，并经县级以上地方人民政府卫生行政部门许可。国家卫计委颁布的《母婴保健专项技术服务许可及人员资格管理办法》《母婴保健专项技术服务基本标准》对此做出了具体规定。

（一）母婴保健技术服务机构

医疗保健机构必须依法取得《母婴保健技术服务执业许可证》，才能开展婚前医学检查、遗传病诊断、产前诊断、施行结扎手术和终止妊娠手术等母婴技术服务。

1. 申请条件　法规规定，申请开展婚前医学检查、遗传病诊断、产前诊断以及施行结扎手术和终止妊娠手术的医疗保健机构，必须同时具备下列条件：①符合当地医疗保健机构设置规划；②取得《医疗机构执业许可证》；③符合母婴保健专项技术服务基本标准；④符合审批机关规定的其他条件。

2. 审批部门和期限

（1）审批部门：施行结扎手术、终止妊娠手术的审批，由县级卫生行政部门负责；婚前医学检查的审批，由设区的市级以上卫生行政部门负责；遗传病诊断、产前诊断以及涉外婚前医学检查的审批，由省级卫生行政部门负责。

（2）审批期限：审批机关受理申请后，应当在60日内，进行审查和核实。经审核合格的，发给《母婴保健技术服务执业许可证》；审核不合格的，将审核结果和理由以书面形式通知申请人。

《母婴保健技术服务执业许可证》的有效期为3年，到期需重新办理审批手续。

（二）母婴保健技术服务人员

1. 资格　凡从事法律规定的婚前医学检查、遗传病诊断、产前诊断、施行结扎手术和终止妊娠手术以及家庭接生技术服务的人员，必须符合母婴保健专项技术服务基本标准的有关规定，经考核合格，取得《母婴保健技术考核合格证书》《家庭接生员技术合格证书》，才能在取得《母婴保健技术服务执业许可证》的机构中开展母婴保健专项技术服务。

2. 考核

（1）卫生行政部门考核：从事遗传病诊断、产前诊断技术服务人员的资格考核，由省级卫生行政部门负责；从事婚前医学检查技术服务人员的资格考核，由设区的市级以上卫生行政部门负责；结扎手术和终止妊娠手术，以及从事家庭接生技术服务人员的资格考核，由县级以上地方卫生行政部门负责。

（2）医疗保健机构考核：医疗、保健机构根据业务需要，应当对从事母婴保健工作的人员加强岗位业务培训和职业道德教育，并定期对其进行检查、考核。

三、母婴保健技术服务的内容

（一）婚前保健服务

1. 婚前保健的内容

（1）婚前卫生指导：婚前卫生指导，是指对准备结婚的男女双方进行以生殖健康为核心、以婚育保健知识为重点的宣传教育。主要内容包括：①有关性卫生的保健和教育；②新婚避孕知识及计划生育指导；③受孕前的准备、环境和疾病对后代影响等孕前保健知识；④遗传病的基本知识；⑤影响婚育的有关疾病的基本知识；⑥其他生殖健康知识。

（2）婚前卫生咨询：婚前卫生咨询，是指受过专业培训的医师和服务对象面对面地交谈，针对服务对象提出的具体问题进行解答、交换意见、提供科学的信息，对有关婚配、生育保健等问题提供医学意见，以帮助其做出合适的决定。

（3）婚前医学检查：婚前医学检查，是指医疗保健机构对准备结婚的男女双方可能患有影响结婚和生育的疾病进行医学检查，主要包括对下列疾病的检查：①严重遗传性疾病；②指定传染病；③有关精神病。

重点提示

婚前医学检查是以男女双方的自愿为前提的，对促进婚姻美满、家庭和睦，预防和减少严重先天病残儿的出生具有重要意义，因此提倡婚前医学检查。

2. 婚前医学意见　经婚前医学检查，医疗保健机构应当出具《婚前医学检查证明》。如果检查出异常情况，医师还应当提出相应的医学意见：建议不宜结婚；建议暂缓结婚；建议可以结婚，不宜生育。

（二）孕产期保健服务

1. 孕产期保健服务的内容　医疗、保健机构应当为育龄妇女提供有关避孕、节育、生育、不育和生殖健康的咨询和医疗保健服务。

(1)母婴保健指导:对孕育健康后代,以及严重遗传性疾病、碘缺乏病等地方病的发病原因、治疗和预防方法提供医学意见。

(2)孕产妇保健:为孕妇、产妇提供卫生、营养、心理等方面的咨询和指导,以及产前定期检查等医疗保健服务。

(3)胎儿保健:为胎儿生长发育进行监护,提供咨询和医学指导。

(4)新生儿保健:为新生儿生长发育、哺乳和护理提供医疗保健服务。

2. 产前检查

(1)产前指导:对患有严重疾病或者接触致畸物质、妊娠可能危及孕妇生命安全或者可能严重影响孕妇健康和胎儿正常发育的,医疗保健机构应当予以医学指导。生育过严重缺陷患儿的妇女再次妊娠前,夫妻双方应当到县级以上医疗保健机构接受医学检查。

(2)产前诊断:医师发现或者怀疑患严重遗传性疾病的育龄夫妻,应当提出医学意见,育龄夫妻应当根据医师的医学意见采取相应的措施。同时,经产前检查,医师发现或怀疑胎儿异常的,应当为孕妇进行产前诊断。

3. 终止妊娠　经产前诊断有下列情形之一的,医师应当向夫妇双方说明情况,并提出终止妊娠的医学意见:胎儿患严重遗传性疾病的;胎儿有严重缺陷的;因患严重疾病,继续妊娠可能危及孕妇生命安全或严重危害孕妇健康的。医师提出终止妊娠的医学意见应当如实、明确。

4. 分娩接生　国家提倡住院分娩,医疗、保健机构应当按照国务院卫生行政部门制定的技术操作规范,实施消毒接生和新生儿复苏,预防产伤及产后并发症。高危孕妇应当在医疗、保健机构住院分娩。没有条件住院分娩的,应当由取得家庭接生员技术合格证书的人员实施消毒接生。

5. 性别鉴定　国家严禁采用技术手段对胎儿进行性别鉴定,怀疑胎儿可能为伴性遗传病,需要进行性别鉴定的,由省、自治区、直辖市人民政府卫生行政部门指定的医疗、保健机构按照国务院卫生行政部门的规定进行鉴定。

重点提示

违法进行胎儿性别鉴定两次以上或者以营利为目的进行胎儿性别鉴定的,由原发证机关撤销相应的母婴保健技术执业资格或者医师执业证书。

6. 出生证明　医疗保健机构和从事家庭接生的人员按照国务院卫生行政部门的规定,出具统一制发的新生儿出生医学证明。有产妇和婴儿死亡,以及新生儿出生缺陷情况的,应当向卫生行政部门报告。

(三)婴儿保健服务

1. 疾病筛查　医疗、保健机构应当对婴儿进行体格检查,按照国家有关规定开展新生儿先天性、遗传性代谢病筛查、诊断、治疗和监测。

2. 保健服务　医疗、保健机构应当按照规定进行新生儿访视,建立儿童保健手册(卡),定期对其进行健康检查,提供有关预防疾病、合理膳食、促进智力发育等科学知识,做好婴儿多发病、常见病防治等医疗保健服务。

3. 预防接种　医疗、保健机构应当按照规定的程序和项目对婴儿进行预防接种。

4. 母乳喂养 国家推行母乳喂养,医疗、保健机构应当为实施母乳喂养提供技术指导,为住院分娩的产妇提供必要的母乳喂养条件,不得向孕产妇和婴儿家庭宣传、推荐母乳代用品。

(四)医学技术鉴定服务

1. 医学技术鉴定范围 当事人对母婴保健服务机构所做的婚前医学检查、遗传病诊断和产前诊断结果有异议,可申请进行医学技术鉴定。

2. 医学技术鉴定组织和人员 母婴保健医学技术鉴定组织的名称为"母婴保健医学技术鉴定委员会",分为省、市、县三级,负责对婚前医学检查、传染病诊断和产前诊断结果的鉴定。

从事医学技术鉴定的人员必须具有临床经验和医学遗传学知识,具有主治医师或副主任医师以上的专业技术职务。

3. 医学技术鉴定程序 当事人自接到检查或者诊断结果之日起 15 日内向所在地县级或者设区的市级母婴保健医学技术鉴定委员会提出书面鉴定申请。母婴保健医学技术鉴定委员会应当自接到鉴定申请之日起 30 日内做出医学技术鉴定意见,并及时通知当事人。当事人对鉴定意见有异议的,可以自接到鉴定意见通知书之日起 15 日内向上一级母婴保健医学技术鉴定委员会申请再鉴定。省级医学鉴定委员会的鉴定为最终鉴定结论。

医学技术鉴定实行回避制度。

四、违反母婴保健技术服务法律制度的责任

1. 行政责任 有下列行为之一,县级以上地方人民政府卫生行政部门应当予以制止,并可以根据情节给予警告,责令停止违法行为,没收违法所得,罚款,撤销相应的母婴保健技术执业资格或者医师执业证书。

(1)未取得母婴保健技术许可,从事婚前医学检查、遗传病诊断、产前诊断或者医学技术鉴定,施行终止妊娠手术,出具法律规定的有关医学证明的。

(2)出具虚假医学证明文件,延误诊治,造成严重后果的。

(3)违法进行胎儿性别鉴定的。

2. 民事责任 母婴保健机构及其工作人员,因违规、失误造成当事人身心损害的,应根据医疗事故和侵权责任的有关规定,承担相应的民事责任。

3. 刑事责任 母婴保健机构的工作人员,由于严重不负责任,造成就诊人员身体严重损害或者死亡的;未取得国家颁发的有关合格证书,施行终止妊娠手术或者采取其他方法终止妊娠,致人死亡、残疾、丧失或者基本丧失劳动能力的,均要依法追究刑事责任。

讨论与思考

嫣然天使基金是以家庭贫困身患唇腭裂的患儿为资助对象的专项公益基金,受到社会广泛的赞助。唇腭裂是最常见的先天畸形之一,通过基金救助,让更多唇腭裂患儿通过功能恢复缝合手术得到治疗,拥有了一张健康纯真的笑脸。这是一项出生缺陷补救措施和公益活动。

请分析

1. 如何才能预防和减少严重先天病残儿的出生?
2. 我国法律法规和政策关于妇女儿童健康保障的规定有哪些?
3. 母婴保健技术服务机构应承担起怎样的责任?

(李云芝)

第14章

人口与计划生育法律制度

学习要点

1. 人口与计划生育法的概念和主要内容
2. 我国现行的计划生育政策
3. 计划生育的奖励措施
4. 计划生育技术服务的原则和内容
5. 违反计划生育政策的法律责任

案例分析

2013年,知名人士张某涉嫌"超生"一事被媒体热炒。报道称,张某与某地一女子在当地生有3名子女,计生委、市计生委随即对此事展开调查。经查,两人确生育有三个子女,均未取得计生部门批准生育的证件。2014年,区计生局向张某二人发送了《社会抚养费征收决定书》。决定书认定:张某二人非婚生育三个子女,违反了中国计划生育法,依法对其征收计划外生育费及社会抚养费,且必须在收到决定书之日起30日内一次性缴清。

请分析

1. 我国现行的计划生育政策是什么?在本案中处罚的法律依据是什么?
2. 如果张某第二个孩子于2016年1月1日以后出生,是否要受到法律处罚?为什么?其第三个孩子的出生是否符合法律规定?
3. 违反了人口与计划生育法要承担哪些法律责任?

人口问题的本质是发展问题,能否解决好人口问题,直接关系到人民生活改善、全民素质提高和中华民族的兴衰。随着改革开放深化,《人口与计划生育法》适时出台,与及时修正,标志着我国人口与计划生育法制建设进入了一个新阶段,为实现人口与经济社会协调发展如可待续发展战略,综合治理人口问题提供法律保障。

第一节　人口与计划生育法律制度概述

一、人口与计划生育法的概念

计划生育是指依据人口与社会经济发展的客观要求，在全社会范围内，实行人类自身生产的计划化。

人口与计划生育法是指在实现人口与经济、社会、资源、环境的协调发展，推行计划生育，维护公民的合法权益，促进家庭幸福、民族繁荣与社会进步的活动中产生的各种社会关系的法律规范的总称。

我国是世界上人口最多的国家，又是一个发展中国家，人口问题一直是制约我国全面协调可持续发展的重大问题，是影响经济社会发展的关键因素。因此，我国政府把实行计划生育，控制人口增长，提高人口素质确定为一项基本国策，这是从国家富强、民族昌盛、人民幸福出发所作出的必然选择。

重点提示

计划生育的实质是有计划的增长人口，使人口的增长与社会经济发展相适应。

二、人口与计划生育法制建设

（一）人口与计划生育法制建设

新中国成立以来，计划生育工作一直受到政府的重视。1978 年，我国第一次将计划生育工作写进宪法：国家提倡和推行计划生育。1982 年，中国共产党第十二届全国代表大会明确提出“实行计划生育是我国的一项基本国策”。1995 年底，政府制定了《中国计划生育工作纲要（1995-2000 年）》，力图实现人口的低增长。1999 年 1 月 1 日国家计划生育委员会发布的《流动人口计划生育工作管理办法》生效实施；2001 年 10 月 1 日，国务院颁布的《计划生育技术服务管理条例》施行。

为了实现人口与经济、社会、资源、环境的协调发展，推行计划生育，维护公民的合法权益，促进家庭幸福、民族繁荣与社会进步，2001 年 12 月 29 日，第九届全国人民代表大会常务委员会第二十五次会议通过了《中华人民共和国人口与计划生育法》，自 2002 年 9 月 1 日起施行。2015 年 12 月 27 日第十二届全国人民代表大会常务委员会通过了《关于修改〈中华人民共和国人口与计划生育法〉的决定》，修订后的《人口与计划生育法》自 2016 年 1 月 1 日起施行。这不仅标志着我国坚持计划生育基本国策，实施人口与发展综合决策，不断完善计划生育政策，走出了一条中国特色统筹解决人口问题的道路；而且揭示了当前我国正处于人口大国向人力资本强国转变的关键时期，实施全面两孩政策、改革完善计划生育服务管理，是促进人口长期均衡发展的重大举措，这必将成为我国计划生育历史上重要的里程碑，对我国计划生育法律制度的建设和发展具有重要意义。

（二）人口与计划生育法的适用范围和内容

《人口与计划生育法》的适用范围为具有中华人民共和国国籍的一切公民，包括少数民族。在中华人民共和国境内从事计划生育技术服务活动的机构及其人员应当遵守本法。

人口与计划生育法的内容包括:人口发展规划的制定与实施、生育调节、奖励与社会保障、计划生育技术服务和法律责任。

(三)政府职责

国家采取综合措施,控制人口数量,提高人口素质,强化了政府的责任。国务院领导全国的人口与计划生育工作,地方各级人民政府领导本行政区域内的人口与计划生育工作。

国务院计划生育行政部门负责全国人口和计划生育工作,县级以上地方各级人民政府计划生育行政部门负责本行政区域内的人口和计划生育工作。

县级以上各级人民政府其他有关部门在各自的职责范围内,负责有关的人口与计划生育工作。

第二节 生育调节法律制度

生育调节是指以经济、行政、法律、医学手段调整人类的生育行为,是国家在公民生育权利方面的法律规定。通过对公民个人生育行为的调节实现从宏观上控制人口数量和质量的目的。

一、公民的生育权利和义务

(一)公民享有生育的权利

公民的生育权是一项基本的人权,公民的生育权是与生俱来的,是先于国家和法律发生的权利,作为人的基本权利,生育权与其他由宪法、法律赋予的选举权、结社权等政治权利不同,是任何时候都不能剥夺的。我国法律规定的生育权是指公民享有生育子女及获得与此相关的信息和服务的权利。包括以下几部分内容。

1. 自由而负责地决定生育子女的时间、数量和间隔的权利。
2. 公民有生育的权利,也有不生育的自由。
3. 在生育权问题上夫妻之间享有平等的权利。
4. 生殖健康权。

(二)公民依法实行计划生育的义务

1. *要依照法律、法规的规定决定生育子女* 一对夫妻可以生育两个子女,符合法律、法规规定条件的,可以要求安排再生育子女。公民履行计划生育的义务,就是要依照有关法律、法规的规定合理安排生育。

2. *依照法律规定,自觉落实避孕节育措施* 根据《人口与计划生育法》规定,实行计划生育,以避孕为主,防止非意愿妊娠,育龄夫妻要自觉落实避孕节育措施,接受计划生育技术服务指导;提倡已生育子女的夫妻选择长效避孕措施。这些都是公民履行的计划生育义务。

3. *违反生育政策,超生子女的要依法缴纳社会抚养费* 征收社会抚养费具有强制性和补偿性,是要求违反计划生育政策超生的人承担一定的经济责任。公民违背规定生育子女,给社会增加了负担,征收抚养费适当补偿所增加的社会公共投入。

4. *遵守计划生育政策,不得采用违法手段破坏计划生育工作* 不得拒绝和阻碍计划生育工作人员依法执行公务,更不得采用违法手段破坏计划生育工作的开展,有违法行为的都要承担相应的法律责任。

(三)夫妻双方在计划生育工作中负有共同的责任

夫妻双方在计划生育工作中负有共同的责任,就是表明在是否生育、何时生育、采取何种方式避孕、由谁来承担避孕措施等问题上,夫妻双方有共同的参与权、决定权,也有共同的职责。在计划生育工作中,夫妻是平等的,应当承担共同的责任。

重点提示

公民的权利和义务是一致的,公民在享有生育权利的同时,必须自觉履行计划生育的义务。

二、现行计划生育政策

(一)我国计划生育基本政策

计划生育政策是《人口与计划生育法》的核心内容,具体内容是:国家提倡一对夫妻生育两个子女;符合法律、法规规定条件的,可以要求安排再生育子女。少数民族也要实行计划生育。

我国实行生育登记服务制度,对生育两个以内(含两个)孩子的,不实行审批,由家庭自主安排生育。

(二)我国计划生育政策的调整

1. *我国计划生育政策势在必调*　计划生育政策实行以来,我国人口实现了从高生育率到低生育率的转变,人口的主要矛盾已经不再是增长过快,而是人口红利消失、临近超低生育率水平、人口老龄化、出生性别比失调等问题。随着时代进程的推进,我国人口控制政策的风险和代价正在显现和增大:计划生育政策实施以来中国已积累了上亿个独生子女家庭,这些家庭面临独生子女的成人风险、成才风险、婚姻风险、养老风险、结构缺损风险,同时还有社会的发展风险、国防风险和责任风险等。

2. *适应经济社会发展需要适时调整计划生育政策*　坚持计划生育的基本国策,适时逐步调整完善生育政策,对实现人口均衡发展、优化人口质量和结构具有重要意义。从上个世纪末至 2011 年,全国 31 个省陆续全部放开"双独生二胎"政策。2013 年 11 月 15 日,党的十八届三中全会关于《中共中央关于全面深化改革若干重大问题的决定》指出:深化医药卫生体制改革,"坚持计划生育的基本国策,启动实施一方是独生子女的夫妇可生育两个孩子的政策",标志着"单独二孩"政策正式实施。2015 年 10 月 29 日,八届五中全会决定:坚持计划生育的基本国策,完善人口发展战略,全面实施一对夫妇可生育两个孩子政策,积极开展应对人口老龄化行动。全面二孩政策于 2016 年 1 月 1 日起正式实施,《中共中央国务院关于实施全面两孩政策改革完善计划生育服务管理的决定》指出,实施全面两孩政策、改革完善计划生育服务管理,促进人口长期均衡发展,有利于优化人口结构,增加劳动力供给,减缓人口老龄化压力;有利于促进经济持续健康发展,实现全面建成小康社会的奋斗目标;有利于更好地落实计划生育基本国策,促进家庭幸福与社会和谐。可见,我国人口和计划生育政策为适应经济社会发展形势所作出的系列调整,探索出了新形势下落实计划生育基本国策的体制机制和方式方法,使计划生育成为惠及亿万家庭的甜蜜事业。

第三节 计划生育奖励和社会保障

一、计划生育奖励

为了实行计划生育政策,《人口与计划生育法》规定了实行计划生育夫妻的奖励措施。

1. 国家对实行计划生育的夫妻予以奖励作出了原则性规定:符合法律、法规规定生育子女的夫妻,可以获得延长生育假的奖励或者其他福利待遇。

2. 公民实行计划生育手术,享受国家规定的休假;地方人民政府可以给予奖励。

3. 在国家提倡一对夫妻生育一个子女期间,自愿终身只生育一个子女的夫妻,国家发给《独生子女父母光荣证》。获得《独生子女父母光荣证》的夫妻,按照国家和省、自治区、直辖市有关规定享受独生子女父母奖励。获得《独生子女父母光荣证》的夫妻,独生子女发生意外伤残、死亡的,按照规定获得扶助。在国家提倡一对夫妻生育一个子女期间,按照规定应当享受计划生育家庭老年人奖励扶助的,继续享受相关奖励扶助。

重点提示

全面两孩政策实施前,已经享受独生子女父母奖励政策的,按规定的条件、标准、年限继续执行。全面两孩政策实施后,没有再生育的计划生育家庭,符合条件的按规定纳入计划生育家庭奖励扶助制度和特别扶助制度;只生育一个孩子的,不再享受独生子女父母奖励政策;独生子女家庭再生育的,停止享受独生子女父母奖励政策,此前已享受的不再退还。

二、计划生育社会保障

国家建立了计划生育的社会保障措施。

1.国家建立、健全基本养老保险、基本医疗保险、生育保险和社会福利等社会保障制度,促进计划生育。

2.国家鼓励保险公司举办有利于计划生育的保险项目。

3.有条件的地方可以根据政府引导、农民自愿的原则,在农村实行多种形式的养老保障办法。

4.地方各级人民政府对农村实行计划生育的家庭发展经济,给予资金、技术、培训等方面的支持、优惠;对实行计划生育的贫困家庭,在扶贫贷款、以工代赈、扶贫项目和社会救济等方面给予优先照顾。

5.独生子女发生意外伤残、死亡,其父母不再生育和收养子女的,地方人民政府应当给予必要的帮助。

第四节　计划生育技术服务与法律责任

一、计划生育技术服务

计划生育技术服务是指计划生育技术指导、咨询以及与计划生育有关的临床医疗服务。《人口与计划生育法》要求政府采取措施，保障公民享有计划生育技术服务，提高公民的生殖健康水平。

(一)计划生育技术服务的原则和内容

1. 计划生育技术服务的原则　国务院发布的《计划生育技术服务管理条例》规定，计划生育技术服务实行国家指导和个人自愿相结合的原则。包括：①公民享有避孕方法的知情选择权；②国家向农村实行计划生育的育龄夫妻免费提供避孕、节育技术服务，所需经费由地方财政予以保障，中央财政对西部困难地区给予适当补助；③计划生育服务网络由计划生育服务机构与从事计划生育服务的医疗保健机构组成，纳入区域卫生规划；④国家鼓励计划生育新技术、新药具的研究、应用和推广。

重点提示

提供计划生育技术服务，实行国家指导与个人自愿相结合的原则，并不是强迫公民接受，这是国家出于对个人隐私权的尊重。

2. 计划生育技术服务的内容

(1)计划生育技术指导、咨询：①生殖健康科普宣传、教育、咨询；②提供避孕药具及相关的指导、咨询、随访；③对已经施行避孕、节育手术和输卵(精)管复通手术的，提供相关的咨询、随访。

(2) 临床医疗服务：县级以上城市从事计划生育技术服务的机构可以在批准的范围内开展下列与计划生育有关的临床医疗服务：①避孕和节育的医学检查；②计划生育手术并发症和计划生育药具不良反应的诊断、治疗；③施行避孕、节育手术和输卵(精)管复通手术；④开展围绕生育、节育、不育的其他生殖保健项目。具体项目由国家卫生和计划生育行政部门规定。

(3)关于再生育服务：因生育病残儿要求再生育的，应当向县级人民政府计划生育行政部门申请医学鉴定，经县级人民政府计划生育行政部门初审同意后，由设区的市级人民政府计划生育行政部门组织医学专家进行医学鉴定；当事人对医学鉴定有异议的，可以向省、自治区、直辖市人民政府计划生育行政部门申请再鉴定。省、自治区、直辖市人民政府计划生育行政部门组织的医学鉴定为终局鉴定。

(4)关于胎儿性别鉴定：任何机构和个人不得利用超声技术和其他技术手段进行非医学需要的胎儿性别鉴定；严禁非医疗需要的选择性别的人工终止妊娠。

(二)计划生育服务机构和人员

计划生育技术服务的机构包括计划生育技术服务机构和从事计划生育技术服务的医疗、保健机构。两者的区别是，前者是计划生育技术服务的专门机构，后者是既开展计划生育技术服务又开展其他医疗服务的医疗保健机构。

1. 计划生育技术服务机构　设立计划生育技术服务机构,由设区的市级以上地方人民政府计划生育行政部门批准,发给《计划生育技术服务机构执业许可证》,并在《计划生育技术服务机构执业许可证》上注明获准开展的计划生育技术服务项目。

计划生育技术服务机构从事产前诊断的,应当经省、自治区、直辖市人民政府卫生和计划生育行政部门审查批准,并报国家卫生和计划生育行政部门备案。

2. 从事计划生育技术服务的医疗、保健机构　从事计划生育技术服务的医疗、保健机构,由县级以上地方人民政府卫生行政部门审查批准,在其《医疗机构执业许可证》上注明获准开展的计划生育技术服务项目,并向同级计划生育行政部门通报。

从事计划生育技术服务的机构使用辅助生育技术治疗不育症的,由省级以上人民政府卫生行政部门审查批准。使用辅助生育技术治疗不育症的具体管理办法和技术规范,由国家卫生和计划生育行政部门制定。

3. 计划生育技术服务的人员　从事计划生育技术服务的人员必须是受过相应专业训练的医务人员。他们应当依照执业医师法和国家有关护士管理的规定,分别取得执业医师、执业助理医师、乡村医生或者护士的资格,并在依照《医疗机构管理条例》设立的机构中执业。在计划生育技术服务机构执业的执业医师和执业助理医师应当依照执业医师法的规定向所在地县级以上地方人民政府卫生行政部门申请注册。具体办法由国家卫生和计划生育行政部门制定。

计划生育技术服务人员必须按照批准的服务范围、服务项目、手术术种从事计划生育技术服务,遵守与执业有关的法律、法规、规章、技术常规、职业道德规范和管理制度。

个体医疗机构不得从事计划生育手术。

二、违反计划生育法律制度的责任

(一)责任种类

违反《人口与计划生育法》的法律责任有行政责任、民事责任和刑事责任。[10]行政责任主要有行政处罚、行政处分、行政限制和经济制约措施、承担设定义务、行政赔偿和追偿等。

(二)违法情形

1. 非法提供计划生育技术服务方面的法律责任

(1)计划生育技术服务机构或者医疗、保健机构以外的机构或者人员违反《计划生育技术服务管理条例》的规定,擅自从事计划生育技术服务的,由县级以上地方人民政府计划生育行政部门依据职权,责令改正,给予警告,没收违法所得和有关药品、医疗器械;违法所得 5 000 元以上的,并处违法所得 2 倍以上 5 倍以下的罚款;没有违法所得或者违法所得不足 5 000 元的,并处 5 000 元以上 2 万元以下的罚款。

(2)计划生育技术服务机构违反规定,未经批准擅自从事产前诊断和使用辅助生育技术治疗不育症的,由县级以上地方人民政府卫生行政部门会同计划生育行政部门依据职权,责令改正,给予警告,没收违法所得和有关药品、医疗器械;违法所得 5 000 元以上的,并处违法所得 2 倍以上 5 倍以下的罚款;没有违法所得或者违法所得不足 5 000 元的,并处 5 000 元以上 2 万元以下的罚款;情节严重的,吊销计划生育技术服务的执业资格。

(3)非法为他人施行计划生育手术的,利用超声技术和其他技术手段为他人进行非医学需要的胎儿性别鉴定或者选择性别的人工终止妊娠的,情节严重,构成犯罪的,依法追究刑事责任。

2. 计划生育证明方面的法律责任 从事计划生育技术服务的机构出具虚假证明文件，尚不构成犯罪的，由原发证部门责令改正，给予警告，没收违法所得；情节严重的，吊销计划生育技术服务的执业资格。出具计划生育证明的单位有过错的，对直接负责的主管人员和其他直接责任人员依法给予行政处分。实施假节育手术、进行假医学鉴定、出具假计划生育证明的，情节严重，构成犯罪的，依法追究刑事责任。伪造、变造、买卖计划生育证明，构成犯罪的，依法追究刑事责任。

3. 计划生育技术服务事故方面的法律责任 计划生育行政部门、卫生行政部门违反规定，批准不具备规定条件的计划生育技术服务机构或者医疗、保健机构开展与计划生育有关的临床医疗服务项目，或者不履行监督职责，或者发现违法行为不予查处，导致计划生育技术服务重大事故发生的，由人口和计划生育行政部门或者卫生行政部门对直接负责的主管人员和其他直接责任人员给予降级或者撤职的行政处分；构成犯罪的，依法追究刑事责任。

4. 国家工作人员违法失职行为的法律责任 侵犯公民人身权、财产权和其他合法权益的，滥用职权、玩忽职守、徇私舞弊的，索取、收受贿赂的，截留、克扣、挪用、贪污计划生育经费或者社会抚养费的，虚报、瞒报、伪造、篡改或者拒报人口与计划生育统计数据的，尚不构成犯罪的，依法给予行政处分；有违法所得的，没收违法所得；构成犯罪的，追究刑事责任。

5. 不履行协助计划生育管理义务的法律责任 不履行协助计划生育管理义务的社会团体、企业事业组织和公民，由上级或本级行政部门、国家机关、社会团体、企业事业组织责令改正，并给予通报批评；对直接负责的主管人员和其他直接责任人员依法给予行政处分。

6. 违反计划生育政策生育子女的法律责任 不符合法律规定生育子女的公民，应当依法缴纳社会抚养费。未在规定的期限内足额缴纳应当缴纳的社会抚养费的，自欠缴之日起，按照国家有关规定加收滞纳金；仍不缴纳的，由作出征收决定的计划生育行政部门依法向人民法院申请强制执行。按照规定缴纳社会抚养费的人员，是国家工作人员的，还应当依法给予行政处分；其他人员还应当由其所在单位或者组织给予纪律处分。

7. 拒绝、阻碍依法执行公务的法律责任 拒绝、阻碍计划生育行政部门及其工作人员依法执行公务的，由计划生育行政部门给予批评教育并予以制止；构成违反治安管理行为的，依法给予治安管理处罚；构成犯罪的，依法追究刑事责任。

讨论与思考

1. 公民生育的权利和义务有哪些？我国现行计划生育政策是什么？

2. 国家对实行计划生育政策的夫妻有哪些奖励措施？

3. 2014 年 8 月 14 日根据群众举报，某区卫生计生委、食品药品监管局工作人员及派出所民警抓获了正在一面包车里进行胎儿性别鉴定的胡某夫妇。据查胡某夫妇为农民，通过自学、自购 B 超机器，非法为他人鉴定胎儿性别赚钱，分别在 2006 年、2009 年、2011 年和 2013 年被判刑，现是第 5 次被抓。

请分析：非法鉴定胎儿性别的危害有哪些？胡某夫妇应承担哪些法律责任？

（刘 苏）

第 15 章

献血用血法律制度

学习要点

1. 献血法的概念、意义
2. 无偿献血相关规定
3. 血站的设置、审批及血站的管理规定
4. 采供血的法律规定
5. 血液制品管理的法律规定
6. 违反献血法律制度应承担的法律责任

案例分析

刘某，男性，27 岁，特三级厨师。1996 年因车祸做脾切除手术，术中输入了市中心血站送来的 1600ml 新鲜血液。手术非常成功，但手术后 1 个月左右，刘某出现乏力、厌油、恶心、食欲缺乏、小便色黄等症状，诊断为输血后丙型急性黄疸型肝炎。刘某及其家属与医院和中心血站协商未果，遂向法院起诉。法庭审理查明刘某作为特三级厨师，从事厨师工作已有 10 年，每年都要经过卫生防疫部门的严格体检，从未发现有“丙肝”病史。献血员曹某 1995 年曾患过“丙肝”，而 1996 年刘某输入的血液中有 400ml 是曹某所献。这次输血后即患了“丙肝”，显然是输入曹某的血液所致。由于中心血站对献血员体检化验及对血液复查不严，以致提供了质量不合格的血液，造成了刘某因输血而染上了“丙肝”病毒的严重后果。

请分析

1. 刘某染上“丙肝”病毒，谁应承担责任？
2. 中心血站应该承担什么责任？

为了加强血液的管理，保障输血安全，我国通过立法等方式，加强对献血用血工作的管理，这对于发扬人道主义精神，促进社会主义物质文明和精神文明建设起到积极的作用。

第一节　献血法律制度

一、献血法概述

献血法是为保证医疗临床用血需要和安全，保障献血者和用血者身体健康而产生的各种社会关系的法律规范的总称。《中华人民共和国献血法》由中华人民共和国第八届全国人民代表大会常务委员会第二十九次会议于 1997 年 12 月 29 日修订通过，自 1998 年 10 月 1 日起施行。

二、献血法立法的意义

《献血法》及其配套法规的颁布及实施，确立了我国实行无偿献血制度，规范了采供血制度，标志着我国血液工作进入了新的阶段。《献血法》的实施，对于提高血液质量，预防和控制经血液传播的疾病，保障献血者和用血者的身体健康，保证医疗用血需要，促进临床合理、科学用血和血液事业的发展具有重要意义。

根据世界卫生组织公布的相关资料，中国 1998 年有偿献血和家庭成员供血占 80%以上，无偿献血仅占 5%。献血法实施后，到 2011 年中国无偿献血已占临床用血 99%以上，中国的医疗用血安全性现在比过去得到了很大提高。

根据世界卫生组织 2011 年统计数据显示，高收入国家的献血率为每千人 39. 2 次，中等收入国家为每千人 12. 6 次，低收入国家为每千人 4. 0 次，中国的献血率为每千人 8. 7 次。

三、无 偿 献 血

无偿献血是指为拯救他人生命，志愿将自身的血液无私奉献给社会公益事业，而献血者不向采血单位和献血者单位领取任何报酬的行为。无偿献血是终身的荣誉，无偿献血者会得到社会的尊重和爱戴。无偿献血是无私奉献、救死扶伤的崇高行为，是我国血液事业发展的总方向。献血是爱心奉献的体现，使病员解除病痛甚至抢救他们的生命，其价值是无法用金钱来衡量的。近半个世纪以来，世界卫生组织和国际红十字会一直向世界各国呼吁“医疗用血采用无偿献血”的原则。

重点提示

国家实行无偿献血制度，提倡十八周岁至五十五周岁的健康公民自愿献血。

地方各级人民政府领导本行政区域内的献血工作，统一规划并负责组织、协调有关部门共同做好献血工作。国家机关、军队、社会团体、企业事业组织、居民委员会、村民委员会，应当动员和组织本单位和本居民区的适龄公民参加献血。对献血者，发给国务院卫生行政部门制作的无偿献血证书，有关单位可以给予适当补贴。国家鼓励国家工作人员、现役军人和高等学校在校学生率先献血，为树立社会新风尚做表率。

四、血站及采供血

血站是指不以营利为目的，采集、提供临床用血的公益性卫生机构。各省、自治区、直辖市人民政府卫生行政部门根据本行政区域人口、医疗资源、临床用血需要等实际情况和当地区域卫生发展规划，制定本行政区域血站设置规划。

(一)血站的设置与审批

1. *血站的设置* 血站分为血液中心、中心血站、基层血站或中心血库，负责指定地区的采供血工作。直辖市、省会市、自治区首府所在市设血液中心，设区的市设中心血站，县及县级市可以设基层血站或血库，血液中心或中心血站因需要，经批准可设血站分站或采血点(室)。

2. *血站的审批设立* 血站向公民采集血液，必须经国务院卫生行政部门或者省、自治区、直辖市人民政府卫生行政部门批准。血液中心的设置必须经省、自治区、直辖市人民政府卫生行政部门初审，报国务院卫生行政部门审核批准。中心血站、基层血站或中心血库的设置由所在地的人民政府卫生行政部门初审，报省、自治区、直辖市人民政府卫生行政部门审核批准。

(二)血站的管理

1. *执业许可证* 血站执业以及中心血库开展采供血业务必须执业许可，并分别领取《血站执业许可证》或《中心血站采供血许可证》后方可进行，未取得采供血许可证的单位和个人不得开展采供血业务。

2. *注册登记* 血站执业以及中心血库开展业务必须经注册登记。血站注册登记机关为批准设置的人民政府卫生行政部门。

3. *监督管理* 县级以上人民政府卫生部门负责对辖区内血站进行监督管理。

(三)采血

我国临床用血实行严格的采供血许可制度。未取得采供血许可的任何单位和个人都不能开展采供血业务。同时，血站的技术人员也必须经输血业务知识技术考试，取得考试合格证书后才能上岗。

为了充分保证血液质量，对采血过程的管理非常重要。采血时，首先应对献血者进行健康检查。血站只能对健康检查合格的公民才能采集其血液。为了保证每份血液都有据可查，采血后，还应在《无偿献血证》及献血档案中记录献血者的姓名、出生日期、血型、献血时间、地点、献血量，并由采血者签字，加盖血站采血专用章。

对检验试剂和采血用的器材也有很严格的规定。对采集的血液进行检验时必须使用有生产单位名称、生产批准文号和国家检定合格的诊断试剂，以保证血液质量。在采集检验标本、采集血液和成分血分离时，必须使用有生产单位名称、生产批准文号和有效期内的一次性注射器和采血器材，用后必须在血液管理监督员监督下按规定及时销毁并做记录，以避免交叉感染。

重点提示

血站不得单采原料血浆。

(四)供血

在血液供应方面，血站的一个十分重要的任务是保证血液的来源有据可查。一旦发生因输血感染疾病的情况，可以帮助医疗机构查明患者病因以及输血责任。《血站管理办法》规定，血源、采供血和检测的原始记录必须保存10年。血液检验(复检)的全血标本的保存期应当在全血有效期内；血清标本的保存期应在全血有效期满后半年。此外，血液的包装、储存、运输必须符合《血站基本标准》的要求。血液包装袋上必须标明相应信息：①血站的名称及其许可证号；②献血者的姓名（或条形码）、血型；③血液品种；④采血日期及时间；⑤有效期及时间；⑥血袋编号（或条形码）；⑦储存条件。血站还应当保证发出的血液质量、品种、规格、数量无差错。

为了保证应急用血需要，血站应当制定重大灾害事故的应急采供血预案，并从各方面保证预案的实施。

第二节　临床用血法律制度

一、临床用血的供给

临床用血是指用于临床的全血、成分血。

临床用血的包装、储存、运输，必须符合国家规定的卫生标准和要求。

医疗机构对临床用血必须进行核查，不得将不符合国家规定的血液用于临床。

为保障公民临床急救用血的需要，国家提倡并指导择期手术的患者自身储血，动员家庭、亲友、所在单位以及社会互助献血。

为保证应急用血，医疗机构可以临时采集血液，但必须依法确保采血用血安全。

重点提示

献血法规定，无偿献血的血液必须用于临床，不得买卖。血站、医疗机构不得将无偿献血的血液出售给单采血浆站或者血液制品生产单位。

二、临床合理用血的管理

医疗机构应当加强临床用血管理，建立并完善管理制度和工作规范；应当使用卫生行政部门指定血站提供的血液；应当科学制订临床用血计划，建立临床合理用血的评价制度，提高临床合理用血水平；应当对血液预订、接收、入库、储存、出库及库存预警等进行管理，保证血液储存、运送符合国家有关标准和要求；医疗机构接收血站发送的血液后，应当对血袋标签进行核对；应当在血液发放和输血时进行核对，并指定医务人员负责血液的收领、发放工作；医疗机构的储血设施应当保证运行有效；应当建立临床用血申请管理制度；应当积极推行节约用血的新型医疗技术；应当积极推行成分输血，保证医疗质量和安全；应当根据国家有关法律法规和规范建立临床用血不良事件监测报告制度；临床发现输血不良反应后，应当积极救治患者，及时向有关部门报告，并做好观察和记录。

三、临床用血的规定

公民临床需要用血时，只交付用于血液的采集、储存、分离、检验等费用。

无偿献血者临床需要用血时，免交费用；无偿献血者的配偶和直系亲属临床需要用血时，可以按照省、自治区、直辖市的规定免交或者减交费用。

血站应当建立相应制度，改善技术条件，向开展患者自身储血、亲友互助献血的医疗机构提供方便、及时、安全的服务。

第三节　血液制品管理法律制度

血浆制品是特指各种人血浆蛋白制品。《血液制品管理条例》规定原料血浆由国家统一规划、设置的单采血浆站采集。

一、单采血浆站的设置

国家卫生计生委根据全国生产用原料血浆的需求、经济发展状况、疾病流行情况等,制定全国采供血机构设置规划指导原则。省、自治区、直辖市人民政府卫生行政部门结合本行政区域疾病流行、供血浆能力等实际情况和当地区域卫生发展规划,制定本地区的单采血浆站设置规划,并组织实施。单采血浆站设置规划应当报卫生部备案。血液制品生产单位设置单采血浆站应当符合当地单采血浆站设置规划,并经省、自治区、直辖市人民政府卫生行政部门批准。单采血浆站由血液制品生产单位设置,具有独立的法人资格。

设置单采血浆站的血液制品生产单位发生变更的,该单采血浆站应当重新办理《单采血浆许可证》,原《单采血浆许可证》注销。

二、原料血浆的采集

(一)健康检查

单采血浆站必须对供血浆者进行健康检查和血液化验;对检查、化验合格的,由县级人民政府部门核发《供血浆证》。单采血浆站在采浆前,必须对供血浆者进行身份识别并核对其《供血浆证》,确认无误的,方可按照规定程序进行健康检查和血液化验;对检查、化验合格的,按有关技术操作标准及程序采集血浆,并建立供血浆者健康及供血记录;对检查、化验不合格的,由单采血浆站收缴《供血浆证》,并由所在地县级人民行政部门监督销毁。

(二)血浆的采集

单采血浆站采集原料血浆应当遵循自愿和知情同意的原则。单采血浆站在每次采集血浆前,必须将供血浆者持有的身份证或者其他有效身份证明、《供血浆证》与计算机档案管理内容进行核实,确认无误的,方可按照规定程序进行健康检查和血样化验;对检查、化验合格的,按照有关技术操作标准和程序采集血浆,并详细记录。单采血浆站必须使用单采血浆机械采集血浆,严禁手工采集血浆。严禁采集非划定采浆区域内供血浆者的血浆。严禁采集冒名顶替者及无《供血浆证》者的血浆。严禁采集血液或者将所采集的原料血浆用于临床。血浆采集后必须单人份冰冻保存,严禁混浆。

(三)血浆的供应

原料血浆的采集、包装、储存、运输应当符合《单采血浆站质量管理规范》的要求;单采血浆站只能向一个与其签订质量责任书的血液制品生产单位供应原料血浆。单采血浆站必须使用计算机系统管理供血浆者信息、采供血浆和相关工作过程。建立血浆标识的管理程序,确保所有血浆可以追溯到相应的供血浆者和供血浆过程,确保所使用的物料批号以及所有制备、检验、运输记录完整。

三、血液制品生产经营机构的管理

（一）机构的设置

血液制品生产单位必须达到国务院卫生行政部门制定的《药品生产质量管理规范》规定的标准，经国务院卫生行政部门审查合格，并依法向工商行政管理部门申领营业执照后，方可从事血液制品的生产活动。

（二）生产经营

血液制品生产单位不得向无《单采血浆许可证》的单采血浆站或者未与其签订质量责任书的单采血浆站及其他任何单位收集原料血浆。不得向其他任何单位供应原料血浆。血液制品生产单位在原料血浆投料生产前，必须对每一人份血浆进行全面复检，并做检测记录。原料血浆经复检不合格的，不得投料生产，并必须在省级药品监督员监督下按照规定程序和方法予以销毁，并做记录。

原料血浆经复检发现有经血液途径传播的疾病的，必须通知供应血浆的单采血浆站，并及时上报所在地省、自治区、直辖市人民政府卫生行政部门。血液制品生产经营单位生产、包装、储存、运输、经营血液制品，应当符合国家规定的卫生标准和要求。

第四节　违反献血用血法律制度的责任

一、行 政 责 任

《献血法》规定，有下列行为之一的，由县级以上地方人民政府卫生行政部门予以取缔，没收违法所得，可以并处 10 万元以下的罚款：①非法采集血液的；②血站、医疗机构出售无偿献血的血液的；③非法组织他人出卖血液的。

血站违反有关操作规程和制度采集血液，向医疗机构提供不符合国家规定标准的血液的，以及医疗机构的医务人员违反规定，将不符合国家规定标准的血液用于患者的，由县级以上人民政府卫生行政部门责令改正。给献血者、患者健康造成损害的，对直接负责的主管人员和其他直接责任人员，依法给予行政处分。

临床用血的包装、储存、运输，不符合国家规定的卫生标准和要求的，由县级以上地方人民政府卫生行政部门责令改正，给予警告，可以并处 1 万元以下的罚款。

卫生行政部门及其工作人员在献血、用血的监督管理工作中，玩忽职守，造成严重后果，尚不构成犯罪的，依法给予行政处分。

二、民 事 责 任

《献血法》规定，血站违反有关操作规程和制度采集血液，给献血者造成损害的，应当依法赔偿。医疗机构的医务人员将不符合国家规定标准的血液用于患者，给患者健康造成损害的，应当依法赔偿。赔偿费用主要有医疗费、生活补助费、误工工资等，造成当事人死亡的，还应承担丧葬费和遗属抚恤金等。

三、刑 事 责 任

非法采集血液的；血站、医疗机构出售无偿献血的血液的；非法组织他人出卖血液的；血站向医疗机构提供不符合国家规定标准的血液，情节严重，造成经血液途径传播或者有传播严重危险的；构成犯罪的，依法追究刑事责任。

医疗机构的医务人员将不符合国家规定标准的血液用于患者，给患者健康造成损害，构成犯罪的，依法追究刑事责任。

卫生行政部门及其工作人员在献血、用血的监督管理工作中，玩忽职守，造成严重后果，构成犯罪的，依法追究刑事责任。

讨论与思考

1. 如果符合献血条件，你会献血吗？谈谈无偿献血有何意义？
2. 如果你是血液制品的管理者，你应从哪些方面加强血液制品的管理工作？

（江　虹）

第 16 章

医疗保障法律制度

学习要点

1. 医疗保障制度的概念、目标和意义
2. 我国医疗保障体系的构成
3. 城镇职工基本医疗保险制度
4. 城镇居民基本医疗保险制度
5. 新型农村合作医疗制度

案例分析

李先生,32 岁,在某外资企业任职部门经理。李先生参加了医疗保险,年缴保险费 1756 元。投保 3 年后,李先生因冠状动脉旁路移植术在三级医院住院,治疗时选择疗效更好的进口医疗产品,如进口支架和进口“波利维”,共计花费 85 600 元,其中医保可报销费用 30 600 元,医保外费用 55 000 元。(说明:1300 元为当地医保起付线,三级医院报销比例为 85%。)

请分析

1. 如果李先生没有购买医疗保险,需支付多少费用?有医保承担部分费用后实际支付是多少?
2. 我国有哪些医疗保险的种类?李先生购买的保险属于什么类型?

基本医疗保障是社会保障的组成部分。医疗保障制度的建立与发展,对保障人民群众基本医疗需求,提高人民群众健康水平,促进经济社会发展,维护社会和谐稳定,实现全面小康的目标,有着重大意义。

第一节 医疗保障法律制度概述

一、医疗保障制度的概念和目标

(一) 医疗保障制度的概念

医疗保障制度是指一个国家或地区按照保险原则为解决居民防病治病问题而筹集、分配和使用医疗保险基金的制度。它是居民医疗保健事业的有效筹资机制，是构成社会保险制度的一种比较进步的制度，也是目前世界上应用相当普遍的卫生费用管理模式。

(二) 医疗保障制度的目标

医疗保障的主要目标是合理组织财政资源，满足与经济发展水平相适应的医疗资金需求，简言之，就是"有钱看病"。

二、医疗保障制度的意义

目前，与我国市场经济体制相适应、基本实现全覆盖的新型医疗保障制度体系正在逐步确立和完善，这有利于实现"人人享有基本医疗保障"目标，提升国民健康素质；有利于从根本上解决广大群众的后顾之忧，避免因病致贫、因病返贫现象发生，增强群众对未来生活的信心；有利于推动医药卫生体制改革，促进经济发展和社会进步。

第二节 我国医疗保障体系构成

我国医疗保障体系在制度层面上已经初步形成了以基本医疗保险为主，辅以各种形式的补充医疗保险，社会医疗救助为底线的多层次医疗保障体系的基本框架。

基本医疗保险由城镇职工基本医疗保险、城镇居民基本医疗保险和新型农村合作医疗构成，从制度上覆盖了城镇就业人口、城镇非就业人口和农村人口。

补充医疗保险包括商业健康保险和其他形式补充医疗保险，主要是满足基本医疗保障之外较高层次的医疗需求。国家鼓励企业和个人通过参加商业保险及多种形式的补充保险解决基本医疗保障之外的需求。

城乡医疗救助是我国多层次医疗保障体系的网底，主要由政府财政提供资金为无力进入基本医疗保险体系以及进入后个人无力承担共付费用的城乡贫困人口提供帮助，使他们能够与其他社会成员一样享有基本医疗保障。

此外，国家通过提供社会福利和发展慈善事业，建立健全医疗卫生服务设施，扩大医疗保障资金来源，更好地满足群众医疗保障需求。

一、城镇职工基本医疗保险制度

城镇职工基本医疗保险是为补偿劳动者因疾病风险遭受经济损失而建立的一项社会保险制度。通过用人单位和个人缴费，建立医疗保险基金，参保人员患病就诊发生医疗费用后，医疗保险经办机构给予一定的经济补偿，以避免或减轻劳动者因患病、治疗等所承受的经济风险。

（一）城镇职工基本医疗保险的覆盖范围

城镇所有用人单位，包括企业、机关、事业单位、社会团体、民办非企业单位及其职工，都要参加城镇职工基本医疗保险。

（二）城镇职工基本医疗保险的筹资标准

医疗保险费由用人单位和职工共同缴纳。用人单位缴费率控制在职工工资总额的 5%～7%，在职职工缴费率不低于本人工资的 2%，退休人员个人不缴费。具体缴费比例由各统筹地区根据实际情况确定。

（三）城镇职工基本医疗保险的统筹层次

原则上以地级以上行政区为统筹单位，也可以县（市）为统筹单位。

（四）城镇职工基本医疗保险的待遇支付

城镇职工基本医疗保险基金由统筹基金和个人账户构成。个人账户主要支付门诊费用、住院费用中个人自付部分及在定点药店购药费用。统筹基金用于支付符合规定的住院医疗费用和部分门诊大病医疗费用。

（五）健全基本医疗保险基金的管理和监督机制

基本医疗保险基金纳入财政专户管理，专款专用，不得挤占挪用。

社会保险经办机构负责基本医疗保险基金的筹集、管理和支付，并要建立健全预决算制度、财务会计制度和内部审计制度。社会保险经办机构的事业经费不得从基金中提取，由各级财政预算解决。

二、城镇居民基本医疗保险制度

（一）城镇居民基本医疗保险的覆盖范围

城镇中不属于城镇职工基本医疗保险制度覆盖范围的学生（包括大学生）、少年儿童和其他非从业城镇居民，都可自愿参加城镇居民医疗保险。

（二）城镇居民基本医疗保险的筹资标准

由各地按照低水平起步的原则，根据本地经济发展水平、居民家庭和财政负担的能力合理确定。

（三）城镇居民基本医疗保险的缴费和补助

城镇居民基本医疗保险以家庭缴费为主，政府给予适当补助。参保居民按规定缴纳基本医疗保险费，享受相应的医疗保险待遇，有条件的用人单位可以对职工家属参保缴费给予补助。

（四）城镇居民基本医疗保险的费用支付

城镇居民基本医疗保险基金用于支付规定范围内的住院和门诊医疗费用，一般包括药费、床位费、护理费、手术费、检查费等，其他费用可以通过补充医疗保险、商业健康保险、医疗救助和社会慈善捐助等方式解决。

三、新型农村合作医疗制度

新型农村合作医疗制度，简称新农合，是由政府组织、引导、支持，农民自愿参加，个人、集体和政府多方筹资，以大病统筹为主的农民医疗互助共济制度。2002 年 10 月，国务院明确提出各级政府要积极引导农民建立以大病统筹为主的新型农村合作医疗制度。2009 年，国务院做出深化医药卫生体制改革的重要战略部署，确立新农合作为农村基本医疗保障制度的地位。

（一）基本原则和资金来源

坚持农民自愿参加、多方筹资、县办县管、以收定支、保障适度的原则。坚持以收定支，收支平衡，略有结余；以住院补偿为主、兼顾受益面；保持相对稳定，不断完善；充分体现互助共济，以大病统筹为主。

根据国家有关规定，全国新型农村合作医疗筹集资金的主要渠道有两条：①各级财政补贴；②参加合作医疗的农民缴纳。新农合基金分为三个部分，即风险基金、住院统筹基金和门诊家庭账户基金（简称家庭账户），新农合基金不再单独设立其他基金。

（二）报销补偿范围

参加合作医疗的农民后简称（参合农民），在统筹期内因病在门诊或定点医院住院诊治，实际发生的医疗费用包括药费、检查费、化验费、手术费、治疗费、护理费等，只要符合合作医疗相关规定，均可获得一定比例的补偿。

1. *门诊补偿*　参合农民在定点医疗机构门诊就医，其医药费用，可按县市制定的门诊补偿办法及补偿程序获得补偿，但在非定点医疗机构就医的不予补偿。

2. *住院补偿*　参合农民因病需住院治疗，必须在合作医疗定点医疗机构住院，其补偿方式及补偿比例，需按县市制定的实施细则（方案）要求进行补偿。

3. *大病补偿*　参合农民因恶性肿瘤化疗、放疗，重症尿毒症的血透和腹透，心脏手术后抗凝治疗，系统性红斑狼疮，组织或器官移植后的抗排异反应治疗，再生障碍性贫血等大病治疗产生的费用，可在享受合作医疗基金按比例报销后再进行大病保险补偿。

（三）管理规定

1. *合作医疗定点医疗机构*　合作医疗定点医疗机构是为参合农民提供基本医疗服务的机构，其主要对象是政府举办的非营利性医疗机构。

定点医疗机构对象范围内的医疗机构，必须首先取得《医疗机构执业许可证》，然后凭相关手续申请定点医疗机构资格。经县市卫生行政主管部门和合作医疗管理机构考核、评审，符合条件的，以正式文件的形式确定为合作医疗定点医疗机构。

重点提示

村卫生室不能开展住院业务，参合农民在村卫生室就医，只报销门诊补助部分。

2. *垫付制度和分层补偿*　新农合补偿实行定点医疗机构垫付制度，即参合农民在定点医疗机构住院，只预交自付部分。住院补偿需按照医疗机构级别和医疗费用数额大小，分层补偿。

3. *监督管理*　建立县（市）新型农村合作医疗协调领导小组、管理委员会、监督委员会，具体办事机构为县（市）新型农村合作医疗管理局（或中心），对合作医疗的监督管理、审核、审计等有一套完善的规定、规范、规程。

（四）特殊照顾政策

五保户、特困户、残疾人等特殊（弱势）群体参加合作医疗的，其个人应缴纳的资金，由民政部门解决；独生子女户、两女结扎户等计划生育优待户参加合作医疗的，其个人应缴纳的资金，由计划生育部门解决；参加合作医疗的孕产妇住院分娩，按照分娩方式，分别给予固定补助。

新型农村合作医疗制度是我国农民自己创造的互助共济的医疗保障制度，在保障农民获得基本卫生服务、缓解农民因病致贫和因病返贫方面发挥了重要的作用。但是，与城镇居民医保相比存在着缴费标准、补贴标准、报销比例等方面的差别，在行政管理上也存在着管理成本高、财政重复投入等问题。随着我国户籍制度改革、农业人口转移，新农合和城镇居民医保将出现整合并轨趋势，会为城乡居民提供更方便快捷高效的就医报销服务，有效提高城乡居民重大疾病保障水平。

四、补充医疗保险制度

补充医疗保险是指在基本医疗保险制度以外，政府鼓励的由商业保险机构或社会保险机构等各类组织举办并自担风险的医疗保险制度。与基本医疗保险不同，补充医疗保险实行自愿性原则，但只有参加了基本医疗保险的职工和用人单位才能参加社会补充保险。目前，我国补充医疗保险主要包括：

（一）企业补充医疗保险

企业补充医疗保险是依据企业经营效益和行业特点，经国家社会保障行政管理部门批准设立、由企业和职工按照国家有关规定缴费建立企业补充医疗保险基金，用以支付企业职工基本医疗保险待遇以外医疗费用负担的社会医疗保险制度。

（二）职工商业补充医疗保险

职工商业补充医疗保险是由社会保险机构主办，并由商业保险公司经办的，用以支付职工基本医疗保险待遇以外医疗费用负担的补充医疗保险。

（三）职工互助医疗保险

职工互助医疗保险是指由工会主办和经办的，用以支付职工基本医疗保险待遇以外医疗费用负担的补充医疗保险。

五、城乡医疗救助制度

城乡医疗救助制度是指通过政府拨款和社会捐助等多渠道筹资建立基金，对患大病的农村五保户和贫困农民家庭、城市居民最低生活保障对象中未参加城镇职工基本医疗保险人员、已参加城镇职工基本医疗保险但个人负担仍然较重的人员以及其他特殊困难群众给予医疗费用补助的救助制度。

（一）救助对象

城乡大病医疗救助实行属地管理，救助对象为具有当地户口的农村五保户、城乡低保户、百岁老人及其他特殊困难户。

（二）救助类别

1. *日常门诊医疗救助*　对农村五保户和城乡低保户中的“一类”人员需长期维持院外治疗的，每年由市民政局救助门诊费用。

2. *特殊慢性病门诊救助*　对患高血压（心、脑、肾并发症）、糖尿病、再生障碍性贫血、脑血管意外后遗症、肺源性心脏病、肺气肿、风湿性心脏病、慢性肾病综合征等特殊慢性疾病的农村五保户和城乡低保户人员，且年度内没有享受住院治疗费用报销补助的，需凭市级或市级以上医疗机构技术性诊断证明，每年由民政部门救助门诊费用。

3. *特大疾病门诊救助*　对患恶性肿瘤、白血病、尿毒症、肝硬化晚期腹水、系统性红斑狼痉及其他疑难病等重大疾病的城乡五保户、低保户人员，且年度内没有享受住院治疗费用报销补助的，每年由民政部门救助门诊费用。

4. 住院医疗救助　农村五保户、农村低保户因病住院的，在获得新农合补助和定点医疗机构减免后，自负部分的住院费用由民政部门按相关标准救助。城市低保户在指定医院住院治疗的，按城市居民医保政策规定比例报销后，按救助对象自负部分比例给予救助。

5. 临时大病医疗救助　农村五保户、城乡低保户以外的百岁老人及其他特殊困难家庭人口，因大病医疗费用过高，造成家庭生活特别困难的，每年由民政部门救助。

6. 资助救助

(1)对农村五保户和低保户，按有关文件规定报销补助后，由民政部门全额资助其参加新农合，实行统一缴费，整体参合。

(2)对城市低保户中的三无人员，按有关文件规定报销补助后，由民政部门全额资助其参加城镇居民医保，实行统一缴费，整体参保；对其他低保对象，按有关文件规定报销补助后，由民政部门资助其参保费的50%，统一支付到人社局账户，然后由救助对象自行参保。

六、社会福利制度

中国社会福利制度是指政府出资为那些生活困难的老人、孤儿和残疾人等特殊困难群体提供生活保障而建立的制度。为保障特殊困难群体的生活权益，国家颁布了《老年人权益保障法》《残疾人保障法》《农村五保供养工作条例》等法律法规。规定：对城市孤寡老人、符合供养条件的残疾人和孤儿实行集中供养，对农村孤寡老人、符合供养条件的残疾人和孤儿实行集中供养与分散供养相结合；集中供养一般通过举办社会福利院、敬老院、疗养院、儿童福利院等福利机构进行；对于残疾人，通过政府的优惠政策来兴办多种形式的社会福利企业，帮助适合参加劳动的残疾人获得就业机会。

七、慈 善 事 业

慈善事业是从慈爱和善意的道德层面出发，通过自愿捐赠，对社会物质财富进行第三次分配。慈善机构是经政府批准依法注册登记，由热心慈善事业的公民、法人及其他社会组织志愿参加的非营利公益社会团体。慈善事业坚持"立足民政、面向社会，以社会救助为中心"的工作方针，通过开展筹募善款、赈灾救助、安老助孤、扶贫济困、慈善救助、公益援助等多种形式的救助工作，帮助社会上困难群体，是调节社会利益，促进社会和谐的重要力量。

第三节　基本医疗保障制度的管理与问题

一、基本医疗保障制度的管理

(一)服务项目管理

通过制定相关标准和办法，确定基本医疗保险可以支付的医疗服务项目范围。主要包括基本医疗保险药品目录、诊疗项目、医疗服务设施标准，简称"3个目录"。

(二)就医管理

城镇基本医疗保险实行定点医疗机构和定点药店管理。医疗保险经办机构同定点机构签订协议,明确各自的责任、权利和义务。参保人员在定点医疗机构就医发生的费用,按基本医疗保险规定支付。

(三)结算管理

医疗费用结算方式是指医疗保险费用拨付的方式和流向,不同的支付方式与标准产生不同的激励机制。

二、基本医疗保障制度实施中存在的主要问题

1. *保障水平总体不高,人群待遇差距较大*　医疗保险虽然从制度上实现了全覆盖,但仍有一定数量的人口没有纳入医保体系;筹资和保障水平总体不高,部分重病患者参保后个人负担仍然较重;城乡之间、区域之间保障水平不均衡。

2. *适应流动性方面不足*　存在着医保关系转移接续困难、异地就医报销不便、需要垫付医药费用等突出问题。

3. *保障可持续性方面不足*　医保统筹层次整体不高;医药费用成本控制机制未完全建立;经办服务能力不适应快速发展需求。

三、基本医疗保障的发展趋势

1. *扩大覆盖面,尽快实现全民医保的目标*　主要措施:①进一步完善医疗保险制度,加大推进大学生、灵活就业人员、农民工等参保力度,提高参保率;②继续保持新农合参合率较高水平。

2. *提高并均衡医疗保障待遇水平,保障人民群众基本医疗*　主要措施:①提高报销封顶线;②提高住院医疗费报销比例;③进一步降低大病、重病患者个人负担;④拓宽保障范围;⑤对五保户经医保报销后仍难以负担的医疗费用给予补助。

3. *加强医疗保险管理,提高基金使用效率*　主要措施:①编制包括医疗保险在内的社会保险预算,使基金管理更加科学、规范;②提高医疗保险统筹层次,在基本实现市级统筹的基础上,增强基金共济能力;③加强医疗服务管理,推行定点医疗机构分级管理等制度,充分发挥医疗保险对医疗服务的监督和制约作用;④改进支付方式,推行按人头付费、按病种付费、总额预付等。

4. *改进医疗保险服务,方便参保群众*　主要措施:①推行直接结算,减少个人垫付医药费用,着力解决参保人员“跑腿”和“垫支”问题;②改进异地就医结算管理服务,推进同省异地、跨省异地就医直接结算;③做好基本医疗保障关系转移接续工作,做到手续简便、流程规范、数据共享,方便广大参保人员接续基本医疗保险关系和享受待遇;④充分利用社会资源,探索委托具有资质的商业保险机构等提供医疗保障服务,最大限度方便参保人员。

讨论与思考

1. 结合自己的家庭了解一下是否享有医疗保险,医疗保险会给我们的生活带来哪些影响?

2. 通过学习本章内容,你认为基本医疗保险存在哪些不足?如何改进?

(江　虹)

第 17 章

医学科技发展中的法律问题

学习要点

1. 人体试验的相关法律规范
2. 人体试验伦理委员会的职责
3. 器官移植的相关法律规范
4. 人体器官移植技术临床应用与伦理委员会的职责
5. 人类辅助生殖技术的相关法律规范

案例分析

1989 年的一天,患者夏某因肝硬化晚期腹胀伴严重腹水,被送进当地医院。患者儿子王某看到母亲痛苦不堪,生不如死,就要求医生对其母亲实施安乐死。一周后,在王某的反复央求下,医生开了一张 100ml 的复方氯丙嗪处方,并注明是“家属要求安乐死”,王某在上面签了字。当天中午至下午,医生和值班护士分两次给夏某注射氯丙嗪致其死亡。后被检察院以故意杀人罪将王某批捕并向法院提起公诉。法院判决:“被告人王某在母亲夏某病危难愈的情况下,再三要求主治医生为其母注射药物,让其无痛苦地死去,其行为属于剥夺其母生命权利的故意行为,但情节显著轻微,危害不大,不构成犯罪。”

请分析

1. 本案中王某的行为是否违法? 为什么?
2. 我国至今尚未实行安乐死合法化,结合本案,谈谈你如何看待安乐死这一社会现象?

第一节　器官移植的法律问题

一、器官移植的概念

《人体器官移植条例》所称的人体器官移植是指摘取器官捐献人具有特定功能的心脏、肺脏、肝脏、肾脏或者胰腺等器官的全部或者部分,将其植入接受人身体以代替其病损器官的过程。

二、器官的捐献

公民享有捐献或者不捐献其器官的权利，任何组织或者个人不得强迫、欺骗或者利诱他人捐献器官。

捐献器官的公民应当具有完全民事行为能力。公民捐献其器官应当有书面形式的捐献意愿，对已经表示捐献其器官的意愿，有权予以撤销。活体器官的接受人限于活体器官捐献人的配偶、直系血亲或者三代以内旁系血亲，或者有证据证明与活体器官捐献人存在因帮扶等形成亲情关系的人员。

公民生前表示不同意捐献其器官的，任何组织或者个人不得捐献、摘取公民的器官。公民生前未表示不同意捐献其器官的，公民死亡后，其配偶、成年子女、父母可以以书面形式共同表示同意捐献器官的意愿。

重点提示

任何组织或者个人不得摘取未满 18 周岁公民的活体器官用于移植。

三、器官移植相关规定

(一) 医疗机构从事器官移植的条件

医疗机构从事器官移植，应当向所在地省、自治区、直辖市人民政府卫生主管部门申请办理器官移植诊疗科目登记。医疗机构从事器官移植，应当具备下列条件。

1. 有与从事器官移植相适应的执业医师和其他医务人员。
2. 有满足器官移植所需要的设备、设施。
3. 有由医学、法学、伦理学等方面专家组成的器官移植技术临床应用与伦理委员会，该委员会中从事器官移植的医学专家不超过委员人数的 1/4。
4. 有完善的器官移植质量监控等管理制度。

(二) 器官移植的评估

省级以上人民政府卫生主管部门应当定期组织专家根据器官移植手术成功率、植入的器官和术后患者的长期存活率，对医疗机构的器官移植临床应用能力进行评估，并及时公布评估结果。对评估不合格的，由原登记部门撤销器官移植诊疗科目登记。

(三) 器官移植的审查

器官移植技术临床应用与伦理委员会收到摘取器官审查申请后，应当对下列事项进行审查，并出具同意或者不同意的书面意见。

1. 器官捐献人的捐献意愿是否真实。
2. 有无买卖或者变相买卖器官的情形。
3. 器官配型和接受人的适应证是否符合伦理原则和器官移植技术管理规范。

经 2/3 以上委员同意，器官移植技术临床应用与伦理委员会方可出具同意摘取器官的书面意见。

(四) 医疗机构的义务

从事器官移植的医疗机构及其医务人员摘取活体器官前，应当履行下列义务。

1. 向活体器官捐献人说明器官摘取手术的风险、术后注意事项、可能发生的并发症及其预防措施等，并与活体器官捐献人签署知情同意书。

2. 查验活体器官捐献人同意捐献其器官的书面意愿、活体器官捐献人与接受人是配偶、直系血亲或者三代以内旁系血亲，或者有证据证明存在因帮扶等形成亲情关系的证明材料。

3. 确认除摘取器官产生的直接后果外不会损害活体器官捐献人其他正常的生理功能。

重点提示

从事器官移植的医务人员应当对器官捐献人、接受人和申请器官移植手术的患者的个人资料保密。

(五) 对器官捐献人遗体的处置

摘取尸体器官，应当在依法判定尸体器官捐献人死亡后进行。从事器官移植的医务人员不得参与捐献人的死亡判定。

从事器官移植的医疗机构及其医务人员应当尊重死者的尊严。对摘取器官完毕的尸体，应当进行符合伦理原则的医学处理，除用于移植的器官以外，应当恢复尸体原貌。

(六) 器官移植手术的费用

从事器官移植的医疗机构实施器官移植手术，除向接受人收取下列费用外，不得收取或者变相收取所移植器官的费用。

1. 摘取和植入器官的手术费。

2. 保存和运送器官的费用。

3. 摘取、植入器官所发生的药费、检验费、医用耗材费。

四、器官移植的法律责任

(一) 医疗机构的法律责任

医疗机构未办理器官移植诊疗科目登记，擅自从事器官移植的，依照《医疗机构管理条例》的规定予以处罚。

医疗机构有下列情形之一的，对负有责任的主管人员和其他直接责任人员依法给予处分。情节严重的，由原登记部门撤销该医疗机构器官移植诊疗科目登记，3 年内不得再申请器官移植诊疗科目登记。

1. 不再具备医疗机构从事器官移植条件，仍从事器官移植。

2. 未经器官移植技术临床应用与伦理委员会审查同意，做出摘取器官的决定，或者胁迫医务人员违反医疗机构管理条例规定摘取器官。

3. 摘取活体器官前未履行说明、查验、确认义务。

4. 对摘取器官完毕的尸体未进行符合伦理原则的医学处理，恢复尸体原貌。

医疗机构未定期将实施器官移植的情况向所在地省、自治区、直辖市人民政府卫生主管部门报告的，由所在地省、自治区、直辖市人民政府卫生主管部门责令限期改正。逾期不改正的，对负有责任的主管人员和其他直接责任人员依法给予处分。

违反相关法律规范收取费用的,依照价格管理的法律、行政法规的规定予以处罚。

(二)自然人的法律责任

买卖器官或者从事与买卖器官有关活动的,由设区的市级以上地方人民政府卫生主管部门依照职责分工没收违法所得,并处交易额 8 倍以上 10 倍以下的罚款;医疗机构参与上述活动的,应当对负有责任的主管人员和其他直接责任人员依法给予处分,并由原登记部门撤销该医疗机构器官移植诊疗科目登记,3 年内不得再申请器官移植诊疗科目登记;医务人员参与上述活动的,由原发证部门吊销其执业证书。

从事器官移植的医务人员违反医疗机构管理条例规定,泄露器官捐献人、接受人或者申请器官移植手术患者个人资料的,依照《执业医师法》或者国家有关护士管理的规定予以处罚。从事器官移植的医务人员参与尸体器官捐献人的死亡判定的,由县级以上地方人民政府卫生主管部门依照职责分工暂停其 6 个月以上 1 年以下执业活动。情节严重的,由原发证部门吊销其执业证书。

国家机关工作人员在器官移植监督管理工作中滥用职权、玩忽职守、徇私舞弊,构成犯罪的,依法追究刑事责任。尚不构成犯罪的,依法给予处分。国家工作人员参与买卖器官或者从事与买卖器官有关活动的,由有关国家机关依据职权依法给予撤职、开除的处分。

第二节　人工生殖技术的法律问题

一、人工生殖技术概述

人工生殖技术是利用现代医学方法,使用人工的手段代替自然生殖过程的某一步骤或全部步骤的技术。人工生殖技术主要包括人工授精、体外受精和无性生殖三个方面。人工生殖技术的发展有效地解决了千百年来人类在生育困难方面的问题,能够解决了现代社会日益增多的不孕不育家庭的难言之痛。然而,基于人工生殖技术可能涉及的试管婴儿、代孕母亲等社会问题,使人类社会传统道德底线屡屡遭受挑战。为进一步规范相关当事人的行为,确保社会伦理道德正常规范,必须对实施人工生殖技术的行为进行法律规范。

二、国外人工生殖技术立法

1890 年,美国医生 Drlemson 在世界上第一次将人工生殖技术应用于临床。1953 年美国阿肯色大学的 Sherman 和 Burge 联合发表了《人类冷冻精子的生育能力》一文,使得精子贮存问题得到解决,人工生殖技术有了突破性进展。1978 年 7 月 25 日,世界上第一个试管婴儿路易丝 · 布朗在英国诞生,1988 年 3 月 10 日我国第一个试管婴儿郑萌珠诞生,随后这项被称为“高度医学科技”的新技术被广泛运用。

代孕母亲是人工生殖技术立法中的重要问题。代孕特指出租或出借自己的子宫代替他人繁育后代的成年妇女。代孕母亲首先提供自己的卵子,通过体外受精形成胚胎后再将其植入自己的子宫,或者将他人通过体外受精形成的胚胎植入自己的子宫,经过足月怀胎后所生下的孩子交给契约方收养。目前世界上多数国家完全禁止代孕,极少数国家则持有限性开放代孕的态度。

类似代孕母亲这样的问题使得人工生殖技术的发展受到了社会道德规范的约束,正因为人工生殖领域存在的复杂性、伦理性，世界上大多数国家均通过颁布法律，规范人工生殖技术。例如，美国制定了《人工生殖子女法律地位统一法》《统一亲子法》，瑞典制定了《体外受精法》《人工授精法》，德国制定了《胚胎保护法》《收养介绍法》，英国制定了《代孕协议法》《人工授精和胚胎法》，意大利制定了《人工辅助生殖法》。

三、我国人工生殖技术立法

（一）我国人工生殖技术立法概述

我国第一例试管婴儿出生在1988年3月，在此后的30年时间里，国内已经普遍使用了试管婴儿技术，该技术的运用催生了巨大的人工生殖市场。为进一步规范相关当事人的行为，确保社会伦理道德正常规范，我国先后出台了十几部指导人工生殖行为的规范性文件，其中主要规范是卫生部制定《人类辅助生殖技术管理办法》（2001年8月1日施行）和《人类辅助生殖技术规范》（2001年12月17日施行、2003年10月1日修订）。

根据法规规定，代孕母亲问题至今依然是法律禁止的，试管婴儿技术也受到法律规范的严格限制。《人类辅助生殖技术管理办法》第3条明确规定“人类辅助生殖技术的应用应当在医疗机构中进行，以医疗为目的，并符合国家计划生育政策、伦理原则和有关法律规定。禁止以任何形式买卖配子、合子、胚胎。医疗机构和医务人员不得实施任何形式的代孕技术。”《人类辅助生殖技术规范》除禁止实施代孕外，在做试管婴儿方面，也要求“对于多胎妊娠实施减胎术，严禁三胎和三胎以上的妊娠分娩”。

（二）人工生殖技术的管理与规划

1. 国家卫计委根据区域卫生规划、医疗需求和技术条件等实际情况，制订人工生殖技术应用规划。

2. 申请开展人工生殖技术的医疗机构应当符合下列条件：具有与开展技术相适应的卫生专业技术人员和其他专业技术人员，具有与开展技术相适应的技术和设备，设有医学伦理委员会，符合《人工生殖技术规范》的要求。

3. 申请开展人工授精技术的医疗机构，由省、自治区、直辖市人民政府卫生行政部门审查批准。申请开展供精人工授精和体外受精-胚胎移植技术及其衍生技术的医疗机构，由省、自治区、直辖市人民政府卫生行政部门提出初审意见，国家卫计委审批。

4. 批准开展人工生殖技术的医疗机构应当按照《医疗机构管理条例》的有关规定，持省、自治区、直辖市人民政府卫生行政部门或者卫生部的批准证书到核发其医疗机构执业许可证的卫生行政部门办理变更登记手续。人工生殖技术批准证书每2年校验1次，校验由原审批机关办理。校验合格的，可以继续开展人工生殖技术。校验不合格的，收回其批准证书。

（三）我国人工生殖技术的应用原则

1. 人工生殖技术的应用应当在医疗机构中进行，以医疗为目的，严格遵守国家人口和计划生育法律法规，符合国家计划生育政策和伦理原则。

2. 人工生殖技术必须在经过批准开展此项技术并进行登记的医疗机构中实施，未经卫生行政部门批准，任何单位和个人不得实施人工生殖技术。

3. 实施人工生殖技术应当符合国家卫计委制定的《人工生殖技术规范》的规定。

4. 禁止以任何形式买卖配子、合子、胚胎。

5. 医疗机构和医务人员不得实施任何形式的代孕技术。

6. 应当遵循知情同意、知情选择的自愿原则,并签署知情同意书。涉及伦理问题的,应当提交医学伦理委员会讨论。

7. 实施供精人工授精和体外受精-胚胎移植技术及其各种衍生技术的医疗机构应当与卫生部门批准的人类精子库签订供精协议。严禁私自采精。医疗机构在实施人工生殖技术时应当索取精子检验合格证明。

8. 实施人工生殖技术的医疗机构应当为当事人保密,不得泄露有关信息。

9. 实施人工生殖技术的医疗机构不得进行无医学指征的性别选择。

10. 实施人工生殖技术的医疗机构应当建立健全技术档案管理制度。供精人工授精医疗行为方面的医疗技术档案和法律文书应当永久保存。

(四)人类精子库的管理

人类精子库是以治疗不育症及预防遗传病和提供生殖保险等为目的,利用超低温冷冻技术,采集、检测、保存和提供精子的机构。

1. 精子的采集与提供应当在经过批准的人类精子库中进行,未经批准,任何单位和个人不得从事精子的采集与提供活动。我国的人类精子库必须设置在持有《医疗机构执业许可证》的综合性医院、专科医院或持有《计划生育技术服务执业许可证》的省级以上(含省级)计划生育服务机构内,其设置必须符合《人类精子库管理办法》的规定。

2. 人类精子库必须具备完善、健全的规章制度,包括业务和档案管理规范、技术操作手册及人类精子采供计划书(包括采集和供应范围等)等。必须定期或不定期对人类精子库进行自查,检查人类精子库规章制度执行情况、精液质量、服务质量及档案资料管理情况等,并随时接受审批部门的检查或抽查。

3. 人类精子库必须贯彻保密原则。除精子库负责人外,其他任何工作人员不得查阅有关供精者身份的资料和详细地址。工作人员应尊重供精和受精当事人的隐私权并严格保密。除司法机关出具公函或相关当事人具有充分理由同意查阅外,其他任何单位和个人一律谢绝查阅供精者的档案。确因工作需要及其他特殊原因非得查阅档案时,则必须经人类精子库机构负责人批准,并隐去供精者的社会身份资料。

第三节　基因工程的法律问题

一、基因工程概述

基因工程是指通过对组成基因的 DNA 进行分割、移植、定点、嫁接从而对遗传信息进行修改的技术。由于基因工程的核心技术是 DNA 技术,所以基因工程又称 DNA 重组技术。20 世纪 70 年代以来,基因工程被充分运用到医疗过程中。

基因工程技术从适应人类的需要的角度为人们广泛的利用和改造生物开辟了新的途径,近些年,基因药物、基因治疗、转基因植物、转基因食品、转基因动物相继成为改造人类生命质量的重要手段。在基因工程的推广下,人类基因组计划得以实现,诸多疑难杂症被克服。但与此同时,基因工程引发了越来越多的政治、经济、宗教、社会公德及伦理道德问题,类似问题急需法律进行规范。

二、基因工程中的法律问题

人类在基因领域已经取得了巨大的进步,但是,人类对基因工程的生态、伦理方面的问题重视不够。一方面,基因工程技术的推广极大影响了生物多样性。另一方面,基因工程引发了许多社会伦理问题,如克隆人问题。从克隆技术到人类基因组的重大发现以来,这一问题日益突出,而与这一进程相比,人类相应的法律规范体系却没有建立起来。

近些年来,植物基因的研究取得了长足进步,这些进步推动了一系列农业革命,尤以粮食革命为重。但是,这种以植物基因优化为基础的革命,却导致了物种多样性的破坏。比如,它使人们食用的粮食从5000多种锐减到100多种。与此类似的是,化肥对增产和缩短生长期起了举足轻重的作用,但也造成了土壤板结和地表破坏。同样的情况也发生在动物基因的研究与应用中。例如,基因的克隆技术一旦用于人类,可能带来或引起的问题将突破人类社会伦理的底线。

三、国内外的基因工程立法

目前多数国家都颁布了基因工程的相关法律规范。法国颁布了《控制遗传物质被改变了的机体的使用和扩散法》;英国颁布了《遗传改良生物控制使用规则》《遗传操作规则》;德国制定了《胚胎保护法》《基因技术安全条例》《基因技术法》。我国现行立法中涉及基因及基因工程的主要有:农业部发布的《农业生物基因工程安全管理实施办法》、国家科学技术委员会发布的《基因工程安全管理办法》、卫生部和科学技术部联合发布的《人类遗传资源管理暂行办法》。

第四节　脑死亡与安乐死的法律问题

一、脑死亡引起的法律问题

1959年,法国人 Mollaret 和 Goulon 在世界上第一次使用“脑死亡”这个概念。由于判定人作为生命体死亡的依据在现实生活中有重大的价值,因此关于脑死亡问题的研究一直是现代医学的热点。

(一)脑死亡的标准和脑死亡概念

1. 脑死亡的标准

(1)自主呼吸停止,是脑死亡的首要指标。

(2)不可逆性深昏迷和对外界刺激无反应性。

(3)脑干神经反射消失(如瞳孔对光反应,角膜反射,吞咽反射)。

(4)瞳孔散大或固定。

(5)脑电波消失,脑电图处于零位。

(6)脑血管造影证实脑血液循环完全停止。

2. 脑死亡的概念　脑死亡是指全脑功能不可逆的永久性停止。

(二)脑死亡立法

1971年,芬兰制定了法律规范确认脑死亡为人体死亡的唯一标准。1970年,美国堪萨斯州制定了有关脑死亡的法规《死亡和死亡定义法》。1978 年,美国通过《统一脑死亡法》。1981 年,美国通过了《确定死亡:死亡判定的医学、法律和伦理问题报告》。1983 年,美国律师协会、美国医学生物学及行为研究伦理学问题总统委员会、医学会、美国统一州法律全国督察会议通过了《统一死亡判定法案》。此外,英国、加拿大、法国等 13 个国家也先后制定了脑死亡的相关法律规范,将脑死亡作为法律上判定人体死亡的依据。比利时、韩国、德国、印度等 10 个国家和地区虽然法律没有明文规定,但临床上已经承认脑死亡状态并用来作为宣布死亡的依据。

我国从 20 世纪 80 年代到现在,对脑死亡立法有过几次比较大的讨论,但目前尚无明确的关于脑死亡标准的法律规定。因此,确定脑死亡为死亡的判断标准在我国具有重要的实际意义。由于关系到每个公民的生死界定,脑死亡的立法、实施及执法必须遵循"神圣、慎重、严谨"的救治原则。特别是在面对需要判定脑死亡时,应当以确保患者确实无生命体征为前提,尽到医疗救治人员的职业道德操守。

二、安乐死的法律问题

(一)安乐死的概念

1. 安乐死的含义和种类

(1)安乐死的含义:广义的理解安乐死包括一切因为"健康"的原因致死,如听任死亡和自杀;狭义的理解把安乐死局限于对患有不治之症的病人或死亡已经开始的病人,不再采取人工的方法延长其死亡过程,为制止剧烈疼痛的折磨不得不采用可能加速死亡的药物。一般我们采用狭义的概念。

(2)安乐死的种类:安乐死分为积极安乐死和消极安乐死两种。消极安乐死是指停止治疗和抢救措施,任晚期病人自行死亡。积极安乐死,是指由医务人员采取给药加速死亡,结束其痛苦的生命,让其安然舒服地离开人世。

2. 安乐死实施的原则、条件和实施对象

(1)安乐死实施的原则:①客观性原则;②自主性原则;③目的性原则;④专业化原则;⑤法制化原则。

(2)安乐死实施的必备条件:①病人的死亡已迫近,且不能避免;②病人已失去意识,而且根据现在的医学知识和技术已不可能恢复;③病人在清醒时曾表示同意不使用医学中的生命支持措施,在病人已经失去意识的情况下,则由病人的直系亲属表示同意;④放弃或停止使用生命治疗由医生来执行。

(3)安乐死的实施对象:安乐死的实施对象是现代医学无法救治且因疾病导致极端痛苦、生命垂危的病人。

3. 实施安乐死的程序　首先由病人根据自己难以承受的疾病的极端痛苦提出书面的要求安乐死的申请,包括安乐死的时间和方式,递交给有权威性的医学鉴定专家组。再由专家组对病人的病情是否符合"生命垂危、无可挽救"的条件做出鉴定,同时对病人的意识状态是否清楚做出判定。如果符合上述条件,病人的个人申请联同专家组的医学鉴定书送交有关的法律部门审核批准,由医学专家组指定专门的安乐师具体实施。

(二)安乐死的历史发展与立法思考

1935 年,英国成立了世界上第一个自愿安乐死合法化委员会。1938 年,在美国也成立了同样的委员会。1976 年后法国、丹麦、挪威、瑞典、比利时、日本、意大利、西班牙也都出现了自愿实行安乐死协会。1987 年荷兰通过一些有严格限制的法律条文允许医生为患有绝症的病人实行安乐死。

尽管安乐死至今还没有在多数国家合法化,但人们对给予病情危重而又无法治愈的病人以死的权力和自由以摆脱残酷的病痛折磨的做法,愈来愈多地采取同情的态度,认为这是符合人道主义精神的。目前我国尚没有关于安乐死的立法。

三、临终关怀的法律问题

(一)临终关怀的含义和内容

1. 临终关怀的含义　患者在将要逝世前的一段时间,为减轻其疾病的症状、延缓疾病发展的护理。

2. 临终关怀的内容　①身体关怀:通过医护人员及家属之照顾减轻病痛,配合合理饮食以提升身体能量。②内心关怀:通过理念建立减轻恐惧、不安,令其宽心安心坦然面对死亡。③灵性关怀:回顾人生寻求生命意义或多半通过宗教学及方式建立生命价值观。

(二)临终关怀的法律意义

临终关怀是对临终病人进行人性化照护,而非治疗性照护,关注的是如何减少临终病人痛苦,不以延长生命为主要目的。现代人权理念的内在要求、社会契约论对弱势群体的当然保护、法的效益价值的现实体现,是临终关怀正当性的法理基础。我国宪法规定了中华人民共和国公民的基本人权,临终关怀是对患者基本尊严的尊重,因此临终关怀具有充分的宪法依据。

临终关怀是一项伟大的人道主义事业,通过运用医疗技巧、方法为临终者提供服务以外,更重要的是临终关怀理念的接受。让患者接纳死亡,并尊重临终者的生命、权利和尊严,使其真正有尊严的完成生命旅程。而宏观层面政策法律的制定是我国立法机关需要长期坚持和探索的。

讨论与思考

1. 现实社会中发生过许多器官买卖的事件,类似行为不仅有违社会的伦理道德、触犯了刑法,更是对器官移植受体生命健康的极大威胁。请结合本章内容谈谈非法器官买卖行为应当承担哪些法律责任?

2. 结合本章内容请思考,临终关怀的合理性与合法性?

(张立哲)

《卫生法律法规》数字化辅助教学资料

一、网络教学资料

1. 网址 www.ecsponline.com/topic.php? topic_id=29

2. 内容

(1)教学大纲及学时安排

(2)教学用 PPT 课件

(3)相关法律条款查阅

二、手机版数字化辅助学习资料

1. 网址(二维码)

2. 内容

(1)知识点/考点标注

(2)练习题:每本教材一套,含问答题、填空题、选择题等多种形式

(3)模拟试卷

三、相关选择题答案

第 1 章　卫生法律法规概述

(一)单项选择题

1. D　2. A　3. C　4. B

(二)多项选择题

1. ABCDE　2. ABCD　3. ABCD　4. AB

第 2 章　卫生法律法规的制定和实施

(一)单项选择题

1. A　2. C　3. D　4. C

(二)多项选择题

1. ABCD　2. ABCD　3. CD　4. ABD

第 3 章　卫生行政执法和卫生行政救济

1. D　2. C　3. C　4. B　5. A　6. D　7. D　8. B　9. C　10. A

11. A　12. B　13. C　14. D

第 4 章　医疗损害侵权责任法律制度

(一)单项选择题

1. C　2. D　3. A　4. D　5. D

(二)多项选择题

1. ABCD　2. ABCD　3. ABCD　4. ABC　5. ABCD

第 5 章　医疗事故处理法律制度

(一)单项选择题

1. C　2. A　3. A　4. B　5. A

(二)多项选择题

1. ABCD　2. ABCD　3. ABC　4. ABD　5. ABCD

第 6 章　医疗机构管理法律制度

1. B　2. A　3. D　4. B　5. A　6. D　7. B　8. A　9. A　10. A　11. D　12. C
13. D　14. B　15. A　16. C　17. C　18. B　19. B　20. C

第 7 章　执业护士管理法律制度

1. B　2. C　3. C　4. B　5. B　6. C　7. C　8. B　9. D　10. A　11. C　12. D
13. D　14. C　15. D

第 8 章　执业医师管理法律制度

1. D　2. C　3. D　4. B　5. C　6. D　7. B　8. D　9. C　10. A
11. D　12. A

第 9 章　疾病预防与控制法律制度

(一)单项选择题

1. B　2. A　3. A　4. A　5. A

(二)多项选择题

1. AB　2. ABCD　3. ABCD　4. ABC　5. ABCD

第 10 章　突发公共卫生事件应急管理法律制度

1. A　2. B　3. B　4. B　5. D　6. C　7. B　8. A　9. B　10. C
11. A　12. B　13. B　14. D　15. D

第 11 章　药品管理法律制度

(一)单项选择题

1. B　2. C　3. D

(二)多项选择题

1. BCD　2. ABCD

第 12 章　食品安全法律制度

1. A　2. B　3. D　4. C　5. D

第 13 章　妇儿健康权益保护与母婴保健技术服务法律制度

1. B　2. C　3. B　4. A　5. D　6. B　7. B　8. A　9. D　10. D
11. C　12. A　13. D　14. A　15. B

第 14 章　人口与计划生育法律制度

1. A　2. C　3. B　4. B　5. C　6. D　7. C　8. A　9. C　10. C

第 15 章　献血用血法律制度

(一)单项选择题

1. A　2. C　3. D　4. A

(二)多项选择题

1. ABCD　2. ABD　3. ABC　4. ABC

第 16 章　医疗保障法律制度

(一)单项选择题

1. D　2. B　3. A　4. C

(二)多项选择题

1. ABC　2. AC　3. ABD　4. ABC　5. CD　6. ABC　7. BCD

第 17 章　医学科技发展中的法律问题

(一)单项选择题

1. C　2. D　3. A　4. A　5. A

(二)多项选择题

1. ABCD　2. AB　3. ABCD　4. ABC　5. ABD

参考文献

白杨,冯晓,王少林 . 2006. 医学人文社会科学概论 . 郑州:河南科学技术出版社:199-206.

薄涛 . 2009. 疾病预防控制机构突发公共卫生事件应急能力理论与评价研究 . 济南:山东大学:209-220.

蔡维生,尹爱田 . 2003. 常用卫生法律法规 . 北京:人民卫生出版社 .

樊立华 . 2000. 卫生法概论 . 3 版 . 北京:人民卫生出版社 .

国务院 . 2005-08-04. 国务院关于建立城镇职工基本医疗保险制度的决定 . http://www. gov. cn/banshi/2015-08/04/content_20256. htm. [2014-12-08]

侯丽萍,许孝坤 . 2007-02-07. 不予报销药费是否属于行政案件受案范围 . http://www. lawtime. cn/info/laodong/shehuibaoxian/2007020719182_3. html. [2014-12-08].

慧择网 . 2013-04-28. 新型农村合作医疗相关知识介绍- http://www. hzins. com/special/nongcunhezuoyiliao. [2013-04-28].

健康中国 2020 战略研究报告编委会 . 2012. 健康中国 2020 战略研究报告 . 北京:人民卫生出版社 .

姜丽芳 . 2010. 卫生法律法规 . 北京:人民军医出版社 .

李建光 . 2011. 卫生法律法规 . 2 版 . 北京:人民卫生出版社 .

邻立军 . 2010. 器官移植民法基本问题研究 . 上海:复旦大学,67-103.

林嘉 . 2009. 劳动法和社会保障法 . 北京:中国人民大学出版社 .

林姜 . 2014. 解读侵权责任法关于医疗损害责任的新规定 . http://lawyer. 110. com/2415018. [2014-12-08].

满洪杰 . 2010. 人工生殖法律问题研究 . 上海:复旦大学:28-44.

孙东东 . 2011. 卫生法学 . 北京:高等教育出版社 .

田侃 . 2010. 卫生法规 . 北京:中国中医药出版社 .

佟子林 . 2011. 卫生法学 . 北京:中国中医药出版社 .

王峰 . 2008. 卫生法律法规 . 北京:人民卫生出版社 .

新华社 . 2011-09-04. 中国大陆基本医疗保障制度已覆盖超过 12. 5 亿人口 . http://www. gov. cn/jrzg/2011-09/04/content_1939943. htm. [2014-12-08].

薛群英 . 卫生行政执法讲义 . http://lawyer. 110. com/149041/article/show/type/1/aid/163374/. [2014-12-08].

严玉柱,冯晓 . 2009. 卫生法律法规 . 郑州:河南科技出版社 .

杨芳 . 2008. 人体试验法律问题研究 . 武汉:华中科技大学,16-23.

杨金运 . 2012. 医学伦理学与卫生法律法规 . 郑州:河南科技出版社 .

杨静毅 . 2011. 医疗侵权的经济分析 . 济南:山东大学:1-4.

翟晓璞,王倩荣 . 2010. 卫生法教程 . 上海:第二军医大学出版社 .

张慧姝 . 2010. 关于我国医方权利的法学研究 . 北京:北京中医药大学:11-14.

找法网 . 侵权责任法对医疗损害责任的规定 . http://china. findlaw. cn/yiliao/yldgrd/ylsgzlld/15890. html. [2014-12-08].

赵同刚 . 2001. 卫生法 . 北京:人民卫生出版社,32-43,93-98.

中华人民共和国国务院新闻办公室网 . 2012-12-26. 中国的医疗卫生事业 . http://www. 110. com/falv/yiliaoshigu/yiliaoshiguanli/2010/0707/41850. html. [2014-12-08].

周方勇.逐条解读《侵权责任法》之医疗损害责任规定. http://www.tyrtvu.cn/page/ipkejian/crtvu-ip1/weishengfaxue/wsfx2/htm/34.htm.[2014-12-08].